SUSANNE KLUG

Die neue
Babyernährung

DIE GU-QUALITÄTSGARANTIE

Wir möchten Ihnen mit den Informationen und Anregungen in diesem Buch das Leben erleichtern und Sie inspirieren, Neues auszuprobieren. Bei jedem unserer Produkte achten wir auf Aktualität und stellen höchste Ansprüche an Inhalt, Optik und Ausstattung.
Alle Informationen werden von unseren Autoren und unserer Fachredaktion sorgfältig ausgewählt und mehrfach geprüft. Deshalb bieten wir Ihnen eine 100 %ige Qualitätsgarantie.

Darauf können Sie sich verlassen:
Wir bieten Ihnen alle wichtigen Informationen sowie praktischen Rat – damit können Sie dafür sorgen, dass Ihre Kinder glücklich und gesund aufwachsen. Wir garantieren, dass:
• alle Übungen und Anleitungen mehrfach in der Praxis geprüft und
• unsere Autoren echte Experten mit langjähriger Erfahrung sind.

Wir möchten für Sie immer besser werden:
Sollten wir mit diesem Buch Ihre Erwartungen nicht erfüllen, lassen Sie es uns bitte wissen! Nehmen Sie einfach Kontakt zu unserem Leserservice auf. Sie erhalten von uns kostenlos einen Ratgeber zum gleichen oder ähnlichen Thema. Die Kontaktdaten unseres Leserservice finden Sie am Ende dieses Buches.

GRÄFE UND UNZER VERLAG. *Der erste Ratgeberverlag – seit 1722.*

Inhalt

Endlich selbstständig essen 46

Die besten Rezepte für Brei und Co. 60

ÜBER DIE AUTORIN

Susanne Klug ist Diplom-Ökotropho-
login. Nach ihrem Studium arbeitete
sie in der Kochbuchredaktion des
GRÄFE UND UNZER VERLAGS. Danach
machte sie sich mit der Gründung der
KinderKüche München, einer Koch-
schule für Kinder, selbstständig.
Rasch folgten Filialen in Hamburg,
Nürnberg, Frankfurt am Main und
Hannover.
In der KinderKüche sowie in ihren
Kochbüchern und Ernährungsratge-
bern zeigt sich ihr Hauptanliegen:
Kindern frische, gesunde und nahr-
hafte Kost schmackhaft zu machen.
Dazu kennt die Expertin alle Tricks.
Selbst Mutter von zwei Söhnen, teilt
sie auch den Wunsch, schon den
Kleinsten nur das Beste mitzugeben.
Sowohl die bunten Breie als auch das
leckere Fingerfood in diesem Buch
durften Frederik (damals knapp drei
Jahre) und Vincent (im besten Brei-
alter) von Beginn an testen.

Liebe Mamis und Papis!

Jetzt geht es los! Ihr Liebling hat sich in den letzten Monaten rasant entwickelt. Aus dem winzigen Säugling ist ein fröhliches Baby geworden, das von Tag zu Tag aktiver wird. Wer wachsen und etwas erleben will, muss natürlich richtig essen. Schön und kuschelig war (und ist) die Zeit an Mamas Brust oder auf dem Arm mit dem Fläschchen im Mund. Doch jetzt braucht Ihr Schatz allmählich mehr: Es wird Zeit für den ersten Brei und schon bald auch für das eine oder andere leckere und gesunde Gericht am Familientisch.

Also nichts wie ran an den Pürierstab! Ein bisschen Geduld, ein paar Küchentücher mehr als sonst – und schon kann's losgehen. Haben Sie keine Sorge: Ihr Baby wird das Mündchen aufmachen und sein Essen lieben lernen. In diesem Buch finden Sie nicht nur leckere Rezeptideen, sondern auch viele Tipps und Anregungen, die den Übergang von der Milch zum festen Essen kinderleicht machen und die Selbstständigkeit Ihres Babys fördern.

Viel Spaß beim Füttern und gemeinsamen Genießen
wünscht Ihnen und Ihrem Baby

Ihre

Susanne Klug

Jetzt geht's los:
Babys erster Brei

Der erste Schritt in Richtung Selbstständigkeit heißt:
selber essen. Mit Brei und babygerechtem Fingerfood
lernt Ihr Kind eine neue (Geschmacks-)Welt kennen.

Die ersten Monate – von der Milch zum ersten Löffelchen

»Unglaublich, wie groß das Kleine schon geworden ist!« Diesen Satz hören Sie sicher wöchentlich von Oma, Opa, Freunden, Nachbarn und Bekannten. Und tatsächlich werden die Bodys und Strampler von Tag zu Tag kürzer und auch enger. Kein Wunder, schließlich wächst ein Kind in den ersten Lebensmonaten rasend schnell. In nur wenigen Monaten verdoppelt es sein Geburtsgewicht. Dabei nimmt es ja erst einmal nichts anderes als Mutter- oder Säuglingsmilch zu sich. Doch die enthält alle wichtigen Nährstoffe, die ein Baby für das gesunde Wachstum braucht.

DER BEDARF VERÄNDERT SICH

Am Anfang trinkt ein Baby im Drei- bis Vier-Stunden-Takt. Manche wollen sogar alle zwei Stunden an die Brust oder verlangen lauthals nach dem Fläschchen. Erst um den vierten, fünften Lebensmonat herum kann das Kleine dann größere Mengen an Nahrung speichern – und damit werden auch die Abstände bis zum nächsten Stillen beziehungsweise Fläschchen größer. Die meisten Babys kommen nun mit vier bis fünf Mahlzeiten täglich aus (dazu fordern aber nicht wenige in der Nacht noch immer die Brust oder ein Fläschchen).

Je nachdem, wie offen und interessiert Ihr Baby schon für Neues ist, können Sie in diesem Alter nach und nach anfangen, die Milchmahlzeiten durch feine Breie oder spezielles Baby-Fingerfood zu ersetzen. Dadurch werden Sie dem stetig wachsenden Nährstoffbedarf gerecht, denn Milch alleine würde für die Versorgung Ihres Babys bald nicht mehr ausreichen. Ein weiteres Argument für die ersten Breiversuche: Da ab dem zweiten Lebenshalbjahr der Saugreflex allmählich nachlässt und zudem die ersten Zähnchen einschießen, ist der Zeitpunkt zur Umstellung auf Beikost günstig. Denn Babys stecken jetzt ohnehin gerne alles in den Mund, um das juckende und schmerzende Zahnfleisch zu massieren und zu beruhigen. Nicht zuletzt erleichtert die Einführung von Beikost in diesem Alter später auch den Übergang zum normalen Familienessen. Denn je mehr Kinder kennenlernen, je vielfältiger ihr Speiseplan ist, desto eher werden sie zu »offenen« und besseren Essern. Und das wünschen sich doch alle Eltern.

Essen will gelernt sein

Auf der ganzen Welt stehen Eltern vor der Herausforderung, ihren Kindern »gesunde« Nahrung näherzubringen. Gar nicht so einfach, denn alle Kinder haben eines gemeinsam: die Vorliebe für Süßes. Warum ist das nur so? Ganz einfach: Der süße Geschmack ist quasi der Sicherheitspuffer der Evolution. Der Mensch wird mit einer Vorliebe für Süßes geboren, weil der süße Geschmack ein Hinweis darauf ist, dass die Nahrung nicht giftig ist. Ganz nach dem Motto: Wenn ich Süßes esse, kann mir nichts passieren. Doch süß ist bekanntlich nicht immer gesund. Daher ist es wichtig, dass Kinder so früh wie möglich andere Geschmacksrichtungen kennenlernen, damit sie nicht ihr Leben lang nur Süßes bevorzugen (was neben der starken Einseitigkeit ja auch Krankheiten wie Übergewicht und Diabetes begünstigt – von Karies ganz zu schweigen).

Allerdings reagieren Babys erst einmal nicht gerade begeistert auf Bitteres, Saures und Salziges. Kein Wunder, sie kennen ja in ihrem jungen Alter auch nichts anderes als Mutter- oder Säuglingsmilch. Und sie verstehen nicht, warum die Milch, die ihnen immer wunderbar geschmeckt und sie so schön satt gemacht hat, jetzt plötzlich nicht mehr genügen soll.

Auf der anderen Seite sind Babys aber auch sehr neugierig und entdeckungsfreudig. Sie sind unvoreingenommen und beginnen immer mehr, Erwachsene und ältere Geschwister nachzuahmen. Nutzen Sie diesen Wissensdrang. Doch bedenken Sie: Erst nach und nach beginnen sich die Geschmacksvorlieben zu verändern. Kinder brauchen Zeit, um sich an die unterschiedlichen Speisen zu gewöhnen. Verlangen Sie nicht zu viel auf einmal von Ihrem Schatz.

»Filippa hat ganz kurz Brei gegessen und sich dann gleich auf Jakobs und unser Essen gestürzt. Weich gekocht ging das bei fast allen Gerichten sehr gut.«
Steffi (39), Mama von Jakob (3) und Fiippa (1)

Lassen Sie daher die ersten Breie ruhig süßlich schmecken (wie den Möhren-Apfel-Brei auf Seite 64). Hat sich der Nachwuchs an diesen Geschmack gewöhnt, können Sie dann ein anderes Aroma ausprobieren. Ganz wichtig ist auch, dass Sie nicht einfach abrupt aufhören, zu stillen oder das Fläschchen zu geben. Anfangs wird das Baby nur ein paar Löffelchen Brei essen. Das ist schon eine tolle Leistung. Den restlichen Hunger darf es dann wie gewohnt mit Milch stillen.

Bist du bereit fürs Löffelchen?

Bis zum Alter von sechs Monaten können Sie Ihr Baby voll stillen oder mit Säuglingsmilch füttern. Mit Beginn des siebten Lebensmonats sollten Sie dann mit dem Zufüttern beginnen, um dem steigenden Energie- und Nährstoffbedarf Ihres Babys gerecht zu werden. Denn Drehen, Recken, Strecken und Entdecken benötigen mehr Energie, als wir Erwachsenen denken. Manche Kinder sind sogar schon mit fünf Monaten bereit für den Brei (vorher sollten Sie nicht damit beginnen).

An den folgenden Signalen erkennen Sie, ob Ihr Schatz schon so weit ist oder ob Sie lieber noch ein paar Wochen warten:

> Ihr Baby weint selbst nach einer vollen Still- oder Milchmahlzeit und ist quengelig.

> Es nimmt alles, was es erwischen kann, in den Mund. Vor allem kaut es zunehmend an den Händen.

> Das Kind beobachtet Sie beim Essen neugierig und versucht, nach Ihrem Essen zu greifen.

> Nacht- und Tagschlaf werden unruhiger – vielleicht verlangt Ihr Baby auch nach mehr Milchmahlzeiten als in den letzten Wochen?

> Der Saugreflex lässt bei manchen Kindern nach, so kann auch langsam der Schluckreflex für festere Nahrung reifen.

Die vier Phasen des Essenlernens

Die schrittweise Einführung von Beikost nach dem vierten Monat lässt sich in vier Phasen unterteilen. Dabei wird in den nächsten Monaten Schritt für Schritt eine Milchmahlzeit durch einen Brei ersetzt. Das Forschungsinstitut für Kinderernährung (FKE) empfiehlt folgende Reihenfolge:

> Die Milchmahlzeit mittags wird als Erste ersetzt: zunächst durch einen Gemüse-, etwas später dann auch durch einen Gemüse-Fleisch- oder Gemüse-Fisch-Brei.

> Nach ein paar Wochen, wenn das Baby die Mittagsbreimahlzeit akzeptiert hat, wird abends nach und nach ein Milch-Getreide-Brei eingeführt.

> Isst das Baby auch den Abendbrei, füttern Sie im nächsten Schritt nachmittags einen Getreide-Obst-Brei.

> Zuletzt wird die Milchmahlzeit am Morgen durch eine Brotmahlzeit oder ein feines Babymüsli ersetzt. Gegen Ende des zehnten Monats bis zu Beginn des zweiten Lebensjahres kann Ihr Baby dann langsam am Familienessen teilnehmen.

Da sieht man, dass es schmeckt. Babys sollten mit allen Sinnen genießen dürfen.

JEDES BABY IST UND ISST ANDERS!

Die schrittweise Einführung der unterschiedlich zusammengesetzten Breie stellt sicher, dass Ihr Baby mit allen wichtigen Nährstoffen wie Eisen, Eiweiß, Kalzium und Vitaminen versorgt wird. Allerdings sind die vier Phasen für die Einführung der Beikost lediglich Richtwerte. Nur Sie und Ihr Baby allein können entscheiden, wann Sie mit dem ersten Brei starten wollen und wann es Zeit ist, mit der nächsten Phase weiterzumachen. Achten Sie dabei immer auch auf die Signale Ihres Kindes.

Wenn es tagelang nur einen bestimmten Brei essen möchte und alles andere ablehnt, sollten Sie dies akzeptieren. Je älter und essfreudiger Ihr Kleines wird, desto mehr können Sie ausprobieren. Auch die Konsistenz der Breie darf dann fester und stückiger werden. Manche Kinder sind sogar schon recht früh dazu bereit, mit den Fingerchen zuzugreifen und am Essen zu lutschen oder zu knabbern. Verhindern Sie dies nicht, sondern unterstützen Sie Ihr Baby in seiner Selbstständigkeit. Vertrauen Sie dabei auf Ihr Gefühl: Sie müssen keine Regelwerke und Normen erfüllen, sondern dürfen selbst entscheiden. Lesen Sie sich ein bisschen in das Thema ein und freuen Sie sich auf das, was kommt. Es ist ein neuer und wichtiger Schritt in Richtung Kleinkind, den Sie von nun an gemeinsam mit Ihrem kleinen Schatz gehen.

Machen Sie ruhig auch Zugeständnisse an das Bedürfnis Ihres Kindes: Mein dreijähriger Sohn zum Beispiel trinkt ab und an vor dem Schlafengehen auch noch eine Flasche Milch. Warum sollte ich mich darüber aufregen? Er nuckelt ja nicht ewig daran herum und macht somit seine Zähne nicht kaputt. Wenn ihn das am Abend beruhigt und er besser schlafen kann – bitte! Geben wir unseren Kindern doch einfach, was sie zum Glücklichsein brauchen.

INFO

Mein Baby will partout nicht essen

Wenn Ihr Baby jegliche Form von »normaler« Kost verweigert, fragen Sie sich natürlich, ob die Muttermilch oder das Fläschchen für ein gesundes Wachstum noch ausreicht. Seien Sie unbesorgt: Solange Ihr Baby wächst und gedeiht und dabei fröhlich ist, können Sie einfach weitermachen wie bisher. Die Muttermilch wird zwar mit den Monaten etwas nährstoffärmer, reicht aber bis zum nächsten Breiversuch in ein paar Wochen sicher noch aus. Fertigmilchnahrung gibt es ohnehin für unterschiedliche Altersgruppen; sie deckt so den Bedarf immer. In der Regel können Sie Ihr Kind daher volle sechs Monate und ein wenig darüber hinaus ausschließlich mit Milch ernähren. Setzen Sie sich also nicht selbst unter Druck und versuchen Sie es einfach ganz entspannt zu einem späteren Zeitpunkt noch einmal.

DIE VIER PHASEN DER BEIKOSTEINFÜHRUNG

PHASE 1: 5. BIS 6. MONAT DIE ERSTEN VIER BIS SECHS WOCHEN	PHASE 2: 7. BIS 8. MONAT DIE NÄCHSTEN VIER WOCHEN
Frühstück: Muttermilch/Säuglingsmilch	**Frühstück:** Muttermilch/Säuglingsmilch
Zwischenmahlzeit: Muttermilch/Säuglingsmilch	**Zwischenmahlzeit:** Muttermilch/Säuglingsmilch
Mittagessen: **1. Schritt:** Gemüsebrei (am Anfang am besten Pastinake oder Möhre) **2. Schritt** (nach circa 3–4 Tagen): Gemüse-Kartoffel-Brei (auch neue Gemüse wie Fenchel oder Zucchini) **3. Schritt** (nach weiteren 3–4 Tagen): Fleisch-Gemüse-Brei (mageres Huhn, Rind, Lamm oder auch Fisch) **Wichtig:** Immer einen Teelöffel Öl und bei Fleisch außerdem 30 Milliliter Apfel- oder Orangensaft beimengen.	**Mittagessen:** Gemüsebrei, Gemüse-Kartoffel-Brei oder Fleisch-Gemüse-Brei; probieren Sie neue Gemüsesorten aus wie Brokkoli, Blumenkohl oder Süßkartoffeln. Ersetzen Sie Kartoffeln durch Reis. Als ersten Nachtisch etwas reines Obstmus ausprobieren. Bestens geeignet sind Birne, Apfel und Banane.
Zwischenmahlzeit: Muttermilch/Säuglingsmilch	**Zwischenmahlzeit:** Muttermilch/Säuglingsmilch
Abendessen: Muttermilch/Säuglingsmilch	**Abendessen:** Milch-Getreide-Brei (Vollmilch oder Säuglingsmilch, Reisflocken, Haferflocken, Grieß, Hirse, Dinkel)

PHASE 3: AB DEM 8. MONAT	PHASE 4: AB DEM 10., 11. ODER 12. MONAT
Frühstück: Muttermilch/Säuglingsmilch **Für Neugierige:** Das erste Brot (siehe Seite 39 f.)	**Frühstück:** Brot mit Butter oder selbst gemachtem Aufstrich, feines erstes Baby-Müsli
Zwischenmahlzeit: Muttermilch/Säuglingsmilch	**Zwischenmahlzeit:** Klein geschnittenes Obst, Cracker (ohne Salz), Reiswaffeln, Brötchen oder Breze
Mittagessen: Bunte, stückigere Breie mit Kartoffeln, Reis, Nudeln, Getreide, Gemüse, Fleisch und Fisch	**Mittagessen:** Fingerfood (siehe Seite 52 ff.), Familienessen in kleinen Stücken
Zwischenmahlzeit: Obst-Getreide-Brei: Am Anfang mit Birne, Apfel und Banane; mit etwa neun Monaten schmecken den meisten Kindern auch schon Aprikose, Pflaume und Nektarine.	**Zwischenmahlzeit:** Obstmus Frisches Obst 
Abendessen: Milch-Getreide-Brei Das erste Brot knabbern	**Abendessen:** Belegtes Brot, Nudeln, Kartoffeln, Rührei, Rohkost zum Knabbern oder Familienessen in kleinen Stücken

Nur das Beste für Ihr Baby

Was in den vergangenen Monaten die Muttermilch oder Säuglingsnahrung erledigt hat, müssen nun mehr und mehr die verschiedenen Breizutaten übernehmen: Sie sichern die ausreichende Versorgung mit allen nötigen Nährstoffen, damit Ihr Sprössling sich weiterhin so prächtig entwickelt wie bisher. Ein Baby braucht vom 5. bis zum 12. Lebensmonat zwischen 500 und 700 Kilokalorien pro Tag – je nachdem, wie groß und aktiv es schon ist. Dabei ist vieles auch eine Sache des Temperaments: Manche Kinder sind von klein an wahre Rabauken, andere eher stillen Typen. Abgesehen davon kann sich der Bedarf von einem Tag auf den anderen ändern: Steckt Ihr Kind mitten in einem Wachstumsschub, ist es nicht ungewöhnlich, dass es für einige Tage ständig hungrig ist. Sobald es wieder eine Wachstumspause einlegt, isst es vielleicht eher wie ein Spatz.

Wichtig ist, dass die Mahlzeiten genug Energie enthalten. Denn die braucht Ihr Kind, um zu wachsen und die Welt zu entdecken. Dabei bleibt Fett Energiespender Nummer eins. Und Fett im Essen ist auch deshalb wichtig, weil der Körper viele Vitamine sonst nicht aufnehmen kann. Das bedeutet aber nicht, dass der selbst gemachte Brei zu fettreich sein sollte – schließlich soll Ihr Kind ja kein Pummelchen werden. Acht Gramm Fett pro Mahlzeit reichen daher aus. In einem reinen Gemüsebrei reicht dazu schon ein Teelöffel Rapsöl. Bei Mahlzeiten mit Fleisch oder Fisch ist es noch weniger, weil diese Zutaten von sich aus schon Fett enthalten.

Die beiden anderen wichtigen Hauptnährstoffe sind Kohlenhydrate und Eiweiße. Der Bedarf daran lässt sich durch Gemüse, Getreide, Obst, Fleisch und Fisch decken.

ALLES BIO ODER WAS?

Viele Eltern stehen vor der Frage: Bio oder nicht bio? Für bio spricht beispielsweise der Verzicht auf Pflanzenschutzmittel, die dem empfindlichen Verdauungssystem der Kleinen zusetzen können. Es gibt zudem die landläufige Meinung, dass Bioprodukte mehr Vitamine, Mineralstoffe und vor allem mehr sekundäre Pflanzenstoffe enthalten als konventionell erzeugte Lebensmittel. Bioprodukte sind zwar teurer, allerdings bieten heute auch schon viele Discounter

»bio« an – sie sind meist günstiger als die klassischen Biomärkte oder Reformhäuser. Mein Tipp zu diesem Thema: Bei Obst und Gemüse muss es nicht immer bio sein. Kaufen Sie aber möglichst regionale und der Saison entsprechende Lebensmittel, zum Beispiel auf dem Markt um die Ecke. Auch viele Supermärkte bieten mittlerweile klar deklarierte Lebensmittel aus der Region an. Bei tierischen Produkten sollten Sie dagegen besser zu bio greifen. Hier weiß man einfach, dass die Tiere artgerecht gehalten wurden und dass sich in Fleisch,

INFO
Bitte keinen Honig

Im ersten Lebensjahr darf Ihr Baby keinen Honig essen. Denn in ihm können Sporen des Bakteriums *Clostridium botulinum* enthalten sein. Diese Keime bilden in dem sensiblen Darmtrakt eines Babys starke Gifte, die wiederum zu schweren Lähmungserscheinungen führen können.

Milch oder Eiern keine Rückstände von Medikamenten, Hormonen und anderen Schadstoffen finden. Denn Biolandwirte müssen sehr hohe Auflagen erfüllen. Egal ob bio oder nicht: Wichtig ist, dass Sie Obst und Gemüse vor der Verarbeitung gut mit lauwarmem Wasser abwaschen. Optimal ist es, wenn Sie es anschließend – sofern möglich – ungeschält verarbeiten. Denn genau unter der Schale befinden sich nun mal die meisten Vitamine.

Gründlich waschen ist Pflicht, die Schale kann aber gerade bei jungem Gemüse dranbleiben.

15

Die Grundnahrungsmittel

Lecker!

Obst:
Kunterbunt ist gesund. Bananen und süße Apfelsorten schmecken köstlich als erstes Obstmus. Ab dem 7. Monat erweitern Birnen, Aprikosen und Beeren die bunte Vielfalt.

Orangen- oder Apfelsaft:
Ein kleiner Schuss Vitamin-C-reicher Saft zum Gemüse-Fleisch-Brei geben – das schmeckt toll und verbessert die Eisenaufnahme.

Getreide macht stark:
Weizen, Hafer, Dinkel, Roggen und Gerste in kleinen Mengen wirken wie eine natürliche »Impfung« gegen Glutenunverträglichkeit (Zöliakie).

Zum Anrühren:
Für den Anfang genügt Wasser zum Brei-Anrühren völlig. Wenn der Abendbrei dazukommt, darf dann auch ein wenig Kuhmilch hinein.

Öle:
Ein Tropfen Rapsöl im Brei ist wichtig für die Vitamin-aufnahme.

Gesunder Seefisch fürs Köpfchen:
Seelachs oder Kabeljau, Seezunge oder Lachs sind die besten Lieferanten für Omega-3-Fettsäuren.

Gemüse für den Start:
Süßes Gemüse wie Möhrchen, Pastinake, Kürbis oder Kartof-feln eignen sich wunderbar für den ersten Brei.

Fleisch:
Feines Fleisch von Rind und Huhn, Pute oder Lamm ist perfekt für den ersten Gemüse-Fleisch-Brei und liefert gesundes Eisen für das Wachstum.

Noch mehr »Grünzeug«:
Brokkoli, Kohlrabi, Zucchini, Pas-tinake oder Fenchel schmecken köstlich im Gemüse-Fleisch-Brei.

TRINKEN NICHT VERGESSEN!

Sobald Ihr Baby die ersten Löffelchen Brei verputzt und Sie nicht mehr nach jeder Breimahlzeit stillen, sollten Sie ihm zum Essen immer auch etwas zu trinken anbieten. Und zwar nicht aus dem Fläschchen, sondern aus der Schnabeltasse. Es dauert wahrscheinlich etwas, bis das Baby herausgefunden hat, wie man daraus trinkt. Und am Anfang wird es sich eventuell ein bisschen verschlucken oder die Hälfte wieder aus dem Mund spucken. Die Mengen sind einfach anders als jene, die aus Brust oder Fläschchen kommen. Aber Sie werden sehen, bald klappt es wie am Schnür-

chen. Allerdings sollte der Aufsatz für die Schnabeltasse anfangs weich sein. Die harten Aufsätze kommen erst mit etwa einem Jahr zum Einsatz. Vielleicht braucht Ihr Baby sie auch gar nicht. Wenn es motorisch schon gut entwickelt ist, können Sie ihm nämlich bereits ab dem 8. Monat beibringen, aus einem ganz normalen Becher zu trinken. Überstürzen Sie hier aber nichts, sondern warten Sie, bis Ihr Kind so weit ist. Zu schnell sind die Klamotten pitschnass.

Wenn Ihr Kleines ungern aus Becher oder Lerntasse trinken möchte, können Sie es auch einmal mit dem Strohhalm versuchen. Nach kürzestem Lernen geht das meist wunderbar und Ihr Kind trinkt mit Freude.

Wie viel muss ein Baby trinken?

Bis zum ersten Geburtstag reichen circa 200 Milliliter Flüssigkeit am Tag, wenn Sie nebenher noch stillen. An heißen Sommertagen darf es natürlich auch mehr sein. Babys vergessen vor lauter Entdeckungsdrang schnell ihren Durst. Bieten Sie ihm daher regelmäßig etwas zu trinken an oder stellen Sie die Trinklerntasse an einen Ort, den Ihr Baby bei Bedarf selbst gut erreichen kann. Achten Sie aber darauf, dass es die Trinklerntasse nicht zum Nuckeln nimmt. Dauernuckeln kann zu Kieferfehlstellungen

---

INFO

Wie gut ist Ihr Leitungswasser?

Fragen Sie bei Ihrem zuständigen Wasserversorgungswerk nach den Uran- und Nitratwerten im Leitungswasser. Liegt der Uranwert unter 2 Mikrogramm/Liter und der Nitratwert unter 10 Milligramm/Liter, ist das Wasser auch für Ihr Baby gut genug.

Essen unterwegs

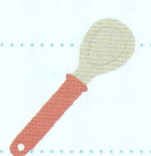

Zu Beginn ist es praktisch und entspannt, wenn Ihr Baby sein Breichen zu Hause essen kann. Es kommen aber Zeiten, in denen Sie flexibler sein möchten und Babys Hunger auch mal unterwegs gestillt werden muss.

› Sie können gekühlten Brei in einer (kleinen) Thermosflasche transportieren und diesen dann bei der Freundin oder im Restaurant gut erhitzen, um Bakterien abzutöten. Vor dem Füttern wieder abkühlen lassen! Oder heißen Brei in die Thermosflasche füllen – so hält er mehrere Stunden lang warm.

› Für einen schnellen Brei im Restaurant: Zwei Dinkelzwiebäcke in etwas warme Milch oder Tee rühren, eine reife Banane (auch Mango oder Birne) dazu geben und mit einer Gabel fein zerdrücken.

› Etwas ältere Babys können ihr Fingerfood schon aus der Brotzeitbox knabbern – etwa dünn geschnittenes, weiches Brot mit feiner Wurst belegt. Auch junger Gouda in kleine Würfel geschnitten, Hackfleischbällchen oder Gurkensticks sind ein leckerer Snack.

› Ganz pur: Eine reife Avocado schmeckt wunderbar als Mus.

› In vielen Drogeriemärkten gibt es Obstmus ohne Zusatzstoffe praktisch verpackt zum Selber-Trinken – die meisten in Bioqualität. Die schmecken wirklich jedem Kind.

führen. Ganz abgesehen von der Kariesgefahr, die besteht, wenn die Zähne ständig umspült werden. Selbst Wasser und ungesüßten Tee sollte Ihr Kind nicht »dauernuckeln«. Denn dadurch wird der Speichel stark verdünnt, wodurch er seine schützende und remineralisierende Funktion verliert. Tee enthält zudem Säure, welche die empfindlichen Zähne angreifen kann.

Die besten Durstlöscher

Gewöhnen Sie Ihr Baby von Anfang an daran, stilles Wasser, Leitungswasser oder ungesüßte Tees zu trinken. Milde Sorten wie Fenchel, Kamille oder Malve sind dabei ideal. Wenn Sie noch mehr Abwechslung auf den Tisch bringen wollen, können Sie es auch einmal mit diesen beiden leckeren »Babydrinks« versuchen:

› Schneller Winter-Orangen-Tee: Für eine Tasse pressen Sie ½ Orange aus und gießen den Saft mit 200 Milliliter heißem Wasser auf. Auf Trinktemperatur abkühlen lassen.

› Frische Sommer-Baby-Bowle: Geben Sie 1 Stängel frische Minze mit 5 zerdrückten Erdbeeren in ein Glas und gießen Sie mit 200 Milliliter kaltem Wasser auf.

Lieber Finger weg heißt es dagegen bei handelsüblichem Fertigteegranulat. Es ist meist gezuckert und fördert dadurch Karies. Das gilt umso mehr, wenn ein Kind aus dem Fläschchen trinkt.

Wenn Ihr kleiner Schatz weder Fruchtsaft noch zuckerhaltige Tees kennenlernt, wird er seinen Durst lange Zeit gerne mit gesunden Getränken stillen. Limonade und Co. »entdecken« Kinder noch früh genug. Das lässt sich (leider) nicht vermeiden.

Trinken (fast) wie die Großen: Kinder sollten früh lernen, aus der Tasse zu trinken.

So klappt's mit dem Essen

Machen Sie es Ihrem Baby beim Essenlernen so angenehm und gemütlich wie möglich. Für einen Hochstuhl ist es noch zu klein, schließlich kann es noch nicht selbstständig sitzen. Viele Eltern behelfen sich daher mit einer Wippe. Die meisten Hebammen allerdings empfehlen, das Baby besser auf dem Schoß zu halten. Auch auf das Risiko hin, dass Ihnen das Kleine blitzschnell den Löffel aus der Hand feuert und der Brei überall landet – nur nicht in seinem Mund. Dann müssen eben wieder die oft beschworenen Putztücher zum Einsatz kommen.

DIE ERSTEN HÄPPCHEN

Wenn Sie mit der Beikost beginnen, wird Ihr Baby erst einmal nur winzige Mengen Brei essen. Und ein paar Löffelchen reichen auch völlig aus. Essen soll ja erst einmal wie ein Spiel sein. Steigern Sie die Mengen nach und nach. Sie werden bald merken, dass Ihr Baby mehr will, wenn es ihm richtig schmeckt. Bis dahin stillen Sie es nach dem Essen wie gewohnt. Erst wenn es ein ganzes Schüsselchen Brei verputzt, können Sie die Milch weglassen. Genauso verfahren Sie bei allen anderen Mahlzeiten (Mittags-brei, Abendbrei, Nachmittagsbrei, Frühstück), bis Ihr Baby ganz abgestillt ist. Gerade am Anfang sollten Sie außerdem darauf achten, dass der Brei fein püriert und relativ flüssig ist. Kleine Stückchen landen sonst direkt wieder draußen. Pürierter Fisch und püriertes Fleisch können den Brei ein wenig faserig machen. Wenn Ihr Baby das nicht mag, können Sie den Brei vor dem Füttern noch einmal durch ein feines Sieb drücken. Wenn Ihr Baby gerne Brei isst und vielleicht sogar schon die ersten Zähnchen herausblitzen, darf der Brei langsam ein bisschen stückiger werden. Ihr Baby wird sich über das neue Kaugefühl freuen. Die Temperatur müssen Sie übrigens nicht jedes Mal ganz genau messen. Nur zu heiß und zu kalt sollte der Brei nicht sein. Schön lauwarm schmeckt es Babys am besten.

Wann gibt's Essen?

Füttern Sie Ihr Baby wenn möglich immer zu einer festen Uhrzeit. Wenn Sie diese in etwa Ihrem eigenen Tagesrhythmus anpassen, können Sie von Anfang an gemeinsam am Familientisch essen und genießen.

Vorsicht am Tisch

Stellen Sie niemals heiße Speisen und vor allem keine heißen Getränke in die Reichweite eines Babys oder Kleinkindes. Schnell greifen die Zwerge zu und können sich so schwerste Verbrennungen zuziehen. Achten Sie auch im Café und Restaurant darauf. Meist sitzen die Kleinen dort auf Mamas oder Papas Schoß und die Bedienungen platzieren den heißen Kaffee direkt vor ihnen und ihrem Baby. In Sekunden kann es dann zu schlimmen Unfällen kommen!

Teller & Co.

Als Geschirr für den Babybrei eignet sich am besten ein tiefer Plastikteller. Auch wenn Ihr Baby später beginnt, selbst zu löffeln, ist Plastik die erste Wahl. Denn (fast) nichts macht ihm dann mehr Spaß, als Dinge vom Kindersitz auf den Boden fallen zu lassen.

Verwenden Sie einen langen, biegsamen Silikonlöffel zum Füttern. Harte, sperrige Plastiklöffel sind einfach nicht für Babys Mündchen geeignet und erleichtern das Schluckenlernen dadurch keineswegs. Machen Sie den Löffel schön voll, denn nur wenn der Mund gut gefüllt ist, löst das beim Baby den Schluckreflex aus. Klitzekleine, tropfengroße Probierportionen schieben die meisten dagegen mit der Zunge wieder aus dem Mund. Aber zum Glück gibt es ja Lätzchen. Sehr praktisch sind übrigens jene Modelle, die man dem Baby über die Arme streift; so ist möglichst viel Kleidung vor Klecksen geschützt. Apropos Kleidung: Achten Sie unbedingt darauf, dass am Bauch nichts kneift und drückt. Denn dann mag Ihr Baby sein Bäuchlein bestimmt nicht noch zusätzlich mit Essen füllen. Bequeme Kleidung ist also extrem wichtig, auch wenn sie bisher nur selten mit dem Erfolg oder Misserfolg beim Füttern in Zusammenhang gebracht wurde.

Wenn Sie planen, Ihr Baby bald in eine Kinderkrippe zu geben, sollten Sie sich schon im Vorfeld kundig machen, um wie viel Uhr man dort zu Mittag isst. Richten Sie dann Ihre Essenszeiten von Anfang an danach. So gewöhnt sich Ihr Kind schon früh an diesen Rhythmus und muss sich später nicht mehr auf neue Essenszeiten umstellen.

Und noch ein Löffelchen für ...

An sich ist es völlig egal, wer das Baby füttert. Da Mama die Sache bestimmt nicht immer übernehmen kann, ist es gut, wenn sich das Kleine von Anfang an auch an andere »Anbieter« gewöhnt. Dabei wird es jeder anders machen: Papas lassen bestimmt ein paar Flugzeuglöffel mehr landen und auch Omas haben tolle Tricks mit dem Löffelchen drauf. Hauptsache, sie spielen nicht zu viel mit dem Essen, sonst gewöhnt sich Ihr Kind daran und fordert jedes Mal ein kleines Theaterstück ein.

Bei uns Müttern muss es hingegen oft etwas effektiver sein – und vielleicht funktioniert es ja gerade deshalb meist ganz gut. Das heißt aber nicht, dass es nicht auch viele frustrierte Mütter gibt, die mit der Beikosteinführung einfach nicht klarkommen. Wenn das Baby streikt – und das nicht nur ein paar Tage lang –, dann kann einem das Thema Brei gehörig auf die Nerven gehen. Alles ist schmutzig, das Essen klebt auf dem Tisch, dem Stuhl und dem Boden, in Babys und Mamas Haaren – und sogar die Wände kriegen (meist knallorangefarbene) Flecken ab. Bleiben Sie trotzdem am Ball. Atmen Sie immer wieder ruhig durch und schmeißen Sie nicht das Handtuch. Zeigen Sie Ihren Frust nicht offen, sonst ist das Thema Essen schnell negativ belegt. Irgendwann lernt auch Ihr Baby zu essen. Noch haben es alle geschafft, das eine früher, das andere eben ein bisschen später. Das ist ganz normal. Nur weil eine Freundin aus der Krabbelgruppe schwärmt, wie sehr ihr Sohn Brei liebt, heißt das noch lange nicht, dass das bei Ihrem Baby auch so sein muss. Bleiben Sie locker und denken Sie nicht zu viel über das Thema Essen nach. Geben Sie Ihrem Kleinen einfach wieder Brust oder Fläschchen. Und dann versuchen Sie es in ein paar Wochen aufs Neue.

»Kommt ein Flugzeug brrrr ...« Jeder Elternteil füttert anders – und jeder macht es gut.

Allergie? Nein danke!

Bestimmt haben auch Sie sich schon Gedanken darüber gemacht, ob Ihr Baby alle Nahrungsmittel verträgt. Was könnten Sie selbst tun, wenn es auf irgendetwas allergisch reagieren würde? Und weil es jeden treffen kann, ist das Thema Allergie auch wirklich wichtig. Darf man von Anfang an Möhrchen füttern? Ab wann darf ein Baby Kuhmilch trinken oder sollte man im ersten Lebensjahr besser ganz auf sie verzichten? Wie sieht es mit Getreide und Fisch aus? Wäre es nicht besser, all diese Nahrungsmittel sicherheitshalber zu meiden?

RUHIG AUSPROBIEREN

Lange Zeit warnten Ärzte und Ernährungsexperten ganz strikt vor bestimmten Nahrungsmitteln wie Möhrchen, Fisch und Kuhmilch, weil sie möglicherweise Allergien auslösen könnten. Die einstimmige Empfehlung lautete: Lieber weglassen und auf Nummer sicher gehen. Denn die klassische Lebensmittelallergie ist eine Überreaktion des Immunsystems auf kleinste Mengen eines Lebensmittels. Der Körper reagiert dann auf eigentlich harmlose Reize wie auf einen Krankheitserreger.

Die neuesten wissenschaftlichen Erkenntnisse geben jedoch Entwarnung. Und das Forschungsinstitut für Kinderernährung in Dortmund (FKE) geht sogar davon aus, dass diese Nahrungsmittel in kleinen Mengen wie eine »Impfung« gegen die jeweilige Allergie wirken können. Das bedeutet: Das Risiko, eine Allergie zu entwickeln, ist umso geringer, je größer das Angebot an den unterschiedlichsten Nahrungsmitteln ist. Es ist ein bisschen so wie mit den Kindern, die entspannt im Dreck buddeln dürfen oder das Taschentuch des großen Bruders benutzen und deren Immunsystem dadurch nicht schwächer, sondern stärker wird: Der frühzeitige Kontakt mit bisher als allergieauslösend eingestuften Nahrungsmitteln ist also nicht gefährlich, sondern kann im Gegenteil sogar der Allergieprävention dienen. Und so dürfen von Anfang an kleine Portionen Möhrchen, Fisch, Weizen, Hafer, Roggen, Gerste und Dinkel auf den Tisch. Selbst Kuhmilch gilt ab dem 6. Monat in kleinen Mengen im Brei als unbedenklich. Bis zu 200 Milliliter dürfen es laut FKE dann bis zum Ende des ersten Lebensjahres sein.

Wenn Mama oder Papa selbst eine Allergie haben

Die neuen Empfehlungen gelten allerdings nur, solange nicht bereits ein Allergiker in der Familie lebt. Reagieren Sie selbst oder Ihr Partner allergisch auf bestimmte Lebensmittel, steigt das Risiko, dass Ihr Nachwuchs ebenfalls eine Nahrungsmittelallergie entwickelt, auf bis zu 80 Prozent. In diesem Fall sollten Sie vorsichtiger sein: Halten Sie die Palette der Nahrungsmittel eher eng und erweitern Sie sie nur Schritt für Schritt. Falls eine Allergie auftritt, können Sie so den Auslöser schneller identifizieren. Besonders vorsichtig sollten Sie bei eiweißreichen Lebensmitteln sein, wie zum Beispiel Nüssen, Milchprodukten, Fisch und Sojaprodukten. Denn Eiweiße lösen besonders häufig Allergien aus.

Reagiert ein Elternteil so stark auf ein bestimmtes Lebensmittel (beispielsweise auf Erdnüsse), dass nach dem Verzehr ein allergischer Schock droht? Dann sollte auch das Baby dieses Nahrungsmittel erst einmal konsequent meiden. Eltern sollten in diesem Fall immer erst mit dem Kinderarzt sprechen, um sich so gut wie möglich vor gesundheitlichen Gefahren abzusichern. Versuchen Sie dennoch, sich zu entspannen. Trotz aller Vorsicht sollte Essen Ihnen und Ihrem Baby Spaß machen.

INFO

Mögliche Hinweise auf ein Allergierisiko

Treten folgende Symptome immer wieder auf, können sie ein Warnzeichen für eine Allergie sein:

> Bauchschmerzen
> Blähbauch
> Durchfall
> Übelkeit
> Hautausschlag
> stete Gewichtsabnahme

In diesem Fall sollten Sie rasch einen Termin beim Kinderarzt ausmachen beziehungsweise nach einem Gespräch mit dem Arzt einen Allergologen aufsuchen. Durch Blutuntersuchungen oder Hauttests lässt sich nachweisen, ob tatsächlich eine Allergie besteht. Allerdings findet man immer nur das, wonach man sucht. Der Prozess kann für Kinder daher mühsam sein. Umso wichtiger ist es, stets darauf zu achten, wie Ihr Kind auf die Einführung eines neuen Lebensmittels reagiert.

Essen lernen –
Schritt für Schritt

Was zu Beginn ein wenig schwierig scheint, ist schon bald ein Kinderspiel – Mündchen aufsperren, leckeren Brei schmecken und ein sattes Bäuchlein genießen!

Phase 1: Babys erster Mittagsbrei – 5. bis 6. Monat

Ihr Baby ist alt genug und zeigt deutliches Interesse an Ihrem Essen? Dann kann es losgehen mit der Beikost. Besorgen Sie auf dem Wochenmarkt junge Möhrchen oder Pastinaken und kochen Sie den ersten Gemüsebrei zum Mittagessen!

IMMER HER MIT DEM GEMÜSE

Der Kindergaumen ist sehr empfindlich und muss sich erst nach und nach an die vielen neuen Geschmackseindrücke gewöhnen, welche die unterschiedlichen Lebensmittel mit sich bringen. Schließlich kennt er bisher nichts anderes als die Muttermilch oder die Säuglingsnahrung. Wenn Sie Ihrem Kind beim ersten Brei zu viele Aromen anbieten, ist sein Geschmackssinn völlig überfordert. Kein Wunder, dass der mit Mühe gekochte Babybrei trotz liebevoll zusammengestellter Zutaten dann kategorisch abgelehnt wird. Experten empfehlen für den Anfang daher einen einfachen Möhrenbrei. Er schmeckt wunderbar süß und das lieben Babys. Beginnen Sie mit ein bis zwei Löffelchen – das genügt völlig. Außerdem ist sicherlich bereits diese winzige Menge für Sie beide eine Herausforderung. Denn am Anfang schiebt

Ihr Kleines ziemlich sicher den Brei mit der Zunge wieder aus dem Mund. Auch Essen will gelernt sein.

Sobald Ihr Baby mehrere Löffel Brei ohne Proteste schluckt – bei manchen Kindern ist dies bereits nach ein paar Tagen der Fall, andere brauchen dafür eine Woche –, können Sie dann einen Möhren-Kartoffel-Brei mit einem Tröpfchen Öl zubereiten. Probieren Sie jetzt nach und nach immer mehr Rezepte aus. So kommt schon im Babyalter Abwechslung auf den Tisch und Ihr Baby lernt verschiedene Geschmacks-richtungen lieben. Sie werden sehen: Die große Vielfalt, die Sie Ihrem Kind anbieten, wird ihm auch in Zukunft Lust auf mehr machen. Sie fördern also von Anfang an seine Neugier und Akzeptanz gegenüber neuen Speisen.

Gehen Sie aber behutsam vor und lassen Sie Ihrem Kind genügend Zeit. Verwenden Sie anfangs keine zu aromatischen Gemüse-sorten. Mild und verträglich sind zum Beispiel Pastinake, Zucchini, Brokkoli, Kürbis und Fenchel. Salz und andere Gewürze sind ebenfalls unnötig, das brauchen Babys noch nicht (auch wenn der Brei für unseren

INFO

Warum muss Öl in den Brei?

Pflanzenöl enthält gesunde Fettsäuren, die für die Entwicklung
Ihres Babys sehr wichtig sind.
Zugleich kann der Körper die fettlöslichen Vitamine wie Beta-Carotin
(beispielsweise in Möhren) besser
aufnehmen. Rapsöl hat von allen
Ölen die beste Fettsäurenzusam-
mensetzung und ist deshalb nicht
nur für Babys besonders wertvoll,
sondern auch für den Rest der
Familie. Ersatzweise können Sie
auch zu Oliven-, Sonnenblumen-
oder Maiskeimöl greifen.
Natürlich darf ab und an auch ein
Klecks Butter in den Brei. Da die
richtigen Öle jedoch aufgrund der
Fettsäurezusammensetzung ge-
sünder sind, sollten Sie die Breie
meistens damit anreichern. Oder
Sie mischen statt Öl ein bisschen
fein zerdrückte Avocado in den
fertigen Brei. Die weiche Creme ist
reich an ungesättigten Fettsäuren
und schmeckt einfach wunderbar.

Erwachsenengeschmack wirklich fad
schmeckt). Zudem belastet Salz die kind-
lichen Nieren und entzieht dem Körper
zu viel Flüssigkeit.

Hilfe, mein Baby mag nicht ...

So einfach die Umstellung von Milch auf
Brei in der Theorie auch klingen mag: Im
echten Leben verläuft sie nicht immer so
reibungslos, wie Sie es eben gelesen haben.
Jedes Kind ist anders. Die einen stürzen
sich gierig auf die ersten Löffelchen, reißen
bereitwillig ihre Münder auf und behalten
(fast) alles im Mund. Bei den anderen
klappt es weniger gut; sie spucken mehr
Brei heraus, als reingekommen ist. Und
manche Babys machen den Mund auch
erst gar nicht auf. Sie sind einfach noch
nicht bereit für den Brei. Gehört auch Ihr
Kleines zu dieser Fraktion? Ärgern Sie sich
nicht, sondern legen Sie Möhrchen und
Pürierstab für ein paar Wochen beiseite
und probieren Sie es dann aufs Neue.
Und auch das ist keine Seltenheit: Das
Kind isst seinen Möhren- oder Pastinake-
Kartoffel-Brei voll Leidenschaft, verweigert
aber alle anderen Sorten. Machen Sie sich
keine Sorgen, auch das ist völlig normal.
Kinder sind (nicht nur was ihre Essge-
wohnheiten angeht) absolut konservativ
und wollen immer am Bekannten festhal-

ten. Und noch ist kein Kind aufgrund der Einseitigkeit verhungert. Seien Sie geduldig und bieten Sie immer wieder einen anderen Brei an. Immer ein kleines Löffelchen zum Probieren. Steter Tropfen höhlt den Stein. Irgendwann ist dieser andere Brei dem Kind dann gar nicht mehr so unbekannt und der nächste Löffel folgt von selbst.

WEITER GEHT'S
MIT FLEISCH UND FISCH

Wenn Ihr Baby seinen Gemüsebrei akzeptiert, können Sie langsam eine kleine Menge Fleisch oder grätenfreien Fisch unter-

mischen (circa 20 bis 30 Gramm). Magere Fleischsorten von Geflügel, Rind, Lamm oder Schwein liefern wertvolle Inhaltsstoffe wie Eisen und Zink, essenzielle Fettsäuren und viele Vitamine. Seefisch versorgt den Nachwuchs darüber hinaus mit lebenswichtigem Jod. Für die Babyernährung besonders empfehlenswert sind Kabeljau, Seezunge, Seehecht, Lachs (reich an Omega-3-Fettsäuren), Seelachs und Alaskaseelachs oder von den Süßwassersorten Forelle.

Um eine gute Eisenversorgung zu gewährleisten, sollten Sie mittags viermal pro Woche einen Brei mit Fleisch füttern. Wenn

Auch Essen will gelernt sein. Achten Sie daher darauf, dass Ihr Baby nicht zu sehr abgelenkt wird.

Ihr Baby bald schon ein Stück Wurst isst, genügen auch zwei bis drei Gemüse-Fleisch-Breie. Wichtig: Weil Vitamin C die Eisenaufnahme begünstigt, fügen Sie dem Brei einen Schuss Vitamin-C-reichen Fruchtsaft zu (naturreiner Apfel- oder Orangensaft). Den Brei mit Fisch füttern Sie bis zu zweimal in der Woche.

>>Meine Kinder mochten die Breie eigentlich erst, als ich auch Fleisch untergemischt habe. Auch heute mögen sie kräftigere Speisen lieber.<<

Friederike (37), Mama von Theodor (3) und Caspar (1)

Fleisch und Fisch in Miniportionen

Wenn Sie nicht gerade für sich selbst ein Stück Fleisch zubereiten, ist es natürlich mühselig, so kleine Mengen zu kochen. Daher empfiehlt es sich, immer gleich ein großes Stück Fleisch zu garen, es anschließend gut durchzupürieren und diesen Brei dann in Miniportionen im Eiswürfelbehälter einzufrieren. So haben Sie immer die richtige Portion Fleisch parat. Nehmen Sie den Fleischwürfel einzeln aus dem Kühlfach und erwärmen Sie das Fleisch bei geringer Hitze in einem Töpfchen – praktischerweise direkt im fertig gekochten Brei. Bei Fisch empfiehlt sich hingegen stets eine separate und frische Zubereitung.

VEGGIE-BABY

Wenn Sie Ihr Baby von Anfang an fleischlos ernähren wollen, müssen Sie darauf achten, dass es trotzdem ausreichend mit allen wichtigen Vitaminen, Mineralstoffen und Spurenelementen versorgt ist. Weil Fleisch vor allem eine wichtige Eisen- und Zinkquelle ist, müssen Sie gezielt solche Lebensmittel füttern, die einer möglichen Unterversorgung mit diesen Stoffen entgegenwirken. Vor allem Haferflocken sind solche wertvollen Eisenlieferanten. Weitere wichtige Eisenquellen für Babys im Beikostalter sind Hirse, Roggen und grünes Gemüse wie Brokkoli.

Wie geht es weiter?

Wenn Sie von Anfang an auf Fleisch verzichten, folgt auf den Gemüse-Kartoffel-Brei ein eisenreicher Gemüse-Kartoffel-Getreide-Brei mit Haferflocken (10 Gramm Haferflocken mit Gemüse und Kartoffeln im Topf mitkochen, anschließend fein pürieren). Bei fleischfreier Kost ist außerdem der Schuss Orangen- oder Apfelsaft im Brei noch wichtiger als sonst. Denn der Körper kann pflanzliches Eisen nicht so gut aufnehmen wie tierisches. Milch und Milchprodukte dagegen verringern die Verfügbarkeit von Eisen und gehören daher nicht in den Brei (also lieber ein bisschen Rapsöl statt einen Klecks Butter zugeben).

Gerade in der Zeit der Beikosteinführung muss Ihr Kind mit all den wichtigen Nährstoffen versorgt werden, die es für ein gesundes Wachstum benötigt. Wenn Sie es für sich vertreten können, sollten Sie gerade im zweiten Lebenshalbjahr nicht auf Breie mit Fleisch und Fisch verzichten. Ab dem zweiten Lebensjahr wird es einfacher, die Eisen- und Eiweißzufuhr durch Getreide, Ei und Milchprodukte zu kompensieren, da sich der Speiseplan um vieles erweitert. Einer vegetarischen Ernährung steht dann nichts mehr im Weg. Informieren Sie sich aber auf jeden Fall bei Ihrem Kinderarzt und eventuell einem Ernährungsberater ausführlich über die vegetarische Beikost.

VORKOCHEN

Haben Sie die Zeit, täglich frisch zu kochen? Prima! Bleibt wider Erwarten einmal etwas übrig, können Sie die Reste in einem Gefäß mit Deckel problemlos 24 Stunden im Kühlschrank aufbewahren. Am nächsten Tag erhitzen Sie den Brei noch einmal sanft, lassen ihn etwas abkühlen und füttern ihn.

Aber auch wenn Sie nicht dazukommen, jeden Tag selbst den Kochlöffel zu schwingen, müssen Sie nicht automatisch auf Gläschen zurückgreifen. Was bei der Zubereitung des Fleischbreis gilt, können Sie auch im großen Stil anwenden: Eine größere Menge Brei vorkochen, auf Zimmertemperatur abkühlen lassen und portionsweise einfrieren. Sie können den Brei so bis zu zwei Monate bei –18 °C aufbewahren. Für die ersten Löffelchen reichen wie beim Fleisch Portionen in Eiswürfelgröße. Wird der Hunger mit den Wochen langsam größer, können Sie den Brei auch in kleine Gefrierbeutel oder Kunststoffdosen mit gut schließendem Deckel füllen. Bei Bedarf entnehmen Sie eine Portion und erhitzen sie auf kleiner Flamme. Den Brei vom Herd nehmen und auf Babytemperatur abkühlen lassen. Wichtig: Nach dem Einfrieren erhitzter Brei darf nicht noch einmal eingefroren werden.

»Eingefrorener Brokkoli- oder Zucchinibrei schmeckt nach dem Auftauen einfach nicht. Besser eignet sich kräftigeres Gemüse wie Kartoffeln, Kürbis, Möhren.«

Vicky (38), Mama von Felix (6) und Tobias (3)

INFO

Wenn Babys Bäuchlein zwickt

So klein der Bauch eines Babys auch ist, er kann doch Grund für schlaflose Nächte und quengelige Tage sein. Hier ein paar Tipps, was Sie im akuten Fall machen können. Wenn nichts helfen mag und die Bauchschmerzen anhalten, sollten Sie sich an den Kinderarzt wenden.

Erleichterung bei Blähungen

> Eine Wärmflasche (Achtung, nicht zu heiß, nur warm!) oder ein warmes Dinkelkissen auf den Bauch legen. Auch ein warmes Bad hilft.

> Leichte Bauchmassagen mit Fenchel-Öl, immer im Uhrzeigersinn.

> Warmer Fenchel-, Rotbusch- oder Kamillentee. Achtung: Vor dem Trinken gut pusten, damit sich das Baby nicht die Zunge verbrennt!

So beugen Sie Verstopfungen vor

> Achten Sie darauf, dass Ihr Kind genug trinkt (mindestens 200 Milliliter Wasser pro Tag, wenn Sie zusätzlich noch stillen. Stillen Sie nicht mehr, sollten es mindestens 500 Milliliter sein).

> Rohes Obst und Gemüse sowie Getreideprodukte liefern viele Ballaststoffe, die gut für die Verdauung sind. Dabei aber viel trinken!

> Ein Teelöffel Milchzucker in den Obstbrei gemischt wirkt abführend. Denn der Milchzucker gelangt unverdaut in den Dickdarm und unterstützt dort die Darmbakterien bei ihrer Arbeit. Aber übertreiben Sie die Gabe von Milchzucker nicht.

> Regelmäßige Bewegung regt die Darmflora an. Manche Babys sind aber von Natur aus eher etwas fauler und bewegen sich nicht so viel. Leiden sie an Verstopfung, können leichte Streichmassagen im Uhrzeigersinn über den Bauch helfen.

Akuter Durchfall

> Das Pektin eines roh geriebenen Apfels (mit Schale) absorbiert Flüssigkeit und festigt den Stuhl. Aber Achtung: Nur Selberreiben ist hilfreich, »normales« Apfelmus wirkt abführend.

> Möhrchen- oder Kartoffelbrei haben eine ähnliche Wirkung wie geriebener Apfel. Auch sie wirken stopfend.

> Leicht (!) salziger Reisschleim wirkt beruhigend auf den Magen und gleicht den Mineralstoffverlust aus.

> Bei Durchfall muss das Baby unbedingt viel trinken, um den Flüssigkeitsverlust wieder auszugleichen. Und das gilt darüber hinaus noch mehr, wenn sich das Baby zusätzlich übergibt.

> Hält der Durchfall an oder geht er mit Erbrechen einher, sollten Sie Kontakt zum Kinderarzt aufnehmen. Denn gerade bei Babys ist der hohe Flüssigkeitsverlust gefährlich.

Phase 2: Der Milch-Getreide-Brei am Abend – 7. bis 8. Monat

Isst Ihr Baby circa vier Wochen seinen Mittagsbrei gern und ausreichend, ist die Zeit reif für eine weitere Breimahlzeit: Das Stillen beziehungsweise Fläschchen am Abend wird nach und nach durch einen Milch-Getreide-Brei ersetzt. Dazu rühren Sie Getreideflocken, Reisflocken oder Grieß in warme Vollmilch (3,5 Prozent Fett) oder Säuglingsmilch. Zum Schluss kommt für eine Extraportion Vitamine noch ein bisschen frisches Obstpüree dazu – fertig! Der Abendbrei liefert nicht nur wertvolle Vitamine und Mineralstoffe wie Kalzium für ein gesundes Knochenwachstum, sondern macht durch seinen hohen Eiweißgehalt auch lange satt. Eine Garantie dafür, dass Ihr Baby endlich durchschläft, gibt es damit aber leider trotzdem nicht.

DAS RICHTIGE GETREIDE

Damit der Milchbrei schön cremig wird, verwenden Sie Grieß oder feine Flocken aus Vollkorn. Um das Verdauungssystem Ihres Babys nicht zu überfordern, beginnen Sie am besten mit leicht verdaulichem Getreidepulver oder -flocken für Babynahrung. Sie sind thermisch aufgeschlossen, was die enthaltene Stärke verdaulich macht. Die Flocken müssen nur noch mit heißer Milch angerührt werden. Werfen Sie aber immer einen Blick auf die Verpackung, um sicherzustellen, dass kein Zucker oder andere Zusatzstoffe beigemengt wurden.

Tolle Aussichten: Viele Babys schlafen bald nachts durch, weil sie schön satt sind.

DIE BESTEN GETREIDESORTEN FÜR BABYS

GETREIDESORTE	GESCHMACK	POSITIVE SEITEN	NEGATIVE SEITEN
Dinkel	› herzhaft nussig	› bekömmlich › verhältnismäßig wenig allergen › reich an Kieselsäure (gut für Gehirn, Haut, Haare)	› glutenhaltig
Hafer	› nussig › süß	› schmeckt gut › leicht verdaulich › eisenhaltig (gut fürs Blut)	› glutenhaltig › verhältnismäßig allergen
Hirse	› süßlich › leicht »erdig«	› glutenfrei › leicht verdaulich › reich an Eisen	
Reis	› süßlich › lässt sich gut mit anderen Zutaten kombinieren, da er nicht zu »aufdringlich« schmeckt	› glutenfrei › allergenarm › sehr leicht verdaulich › sättigend › gut bei Magen-Darm-Irritationen	› nährstoffarm
Weizen	› mild	› schmeckt gut	› glutenhaltig › relativ allergen › schwer verdaulich › relativ nährstoffarm

Probieren Sie Schritt für Schritt aus, was Ihrem Baby schmeckt (Reis, Hafer, Hirse, Dinkel, Weizen, Roggen). Verzichten Sie aber noch darauf, zwei oder mehrere Getreidesorten miteinander zu kombinieren, da Babys Darm am Abend schonende Kost am besten verträgt. Werden zu viele komplexe Kohlenhydrate kombiniert, kann es Blähungen und Bauchweh bekommen und unruhig schlafen. Mischen Sie erst, wenn alle Getreidesorten eingeführt wurden und das Baby an alle gewöhnt ist. Meiden Sie zudem im ersten Lebensjahr exotische Getreidesorten wie Buchweizen, Quinoa oder Amaranth. Sie enthalten meist Gerbstoffe, welche die Verdauung von Nährstoffen, Vitaminen und Mineralstoffen beeinträchtigen können. Auch rohes Getreide (zum Beispiel als Frischkornbrei) ist noch nichts für Ihr Baby. Es ist für den »jungfräulichen« Verdauungstrakt noch zu schwer verdaulich und kann zudem mit Keimen belastet sein.

MILCH – DAS BESTE VON DER KUH

Bis vor Kurzem rieten Ernährungsexperten wie die Deutsche Gesellschaft für Ernährung davon ab, den Abendbrei mit Kuhmilch anzurühren. Im ersten Jahr sollte ein Baby überhaupt keine Kuhmilch zu sich nehmen. Das hat sich geändert. Nach neuesten Erkenntnissen sind ab dem 6. Monat im Getreidebrei neben der Säuglingsmilch auch kleine Mengen »normale« Milch gestattet (siehe auch Seite 24 f.). Vorher ist Milch immer noch tabu! Und auch ins Milchfläschchen sollte bis zum ersten Geburtstag ausschließlich Fertigmilchnahrung. Denn in diesen Mengen könnte Kuhmilch die Nieren belasten und zu Darmblutungen führen. Zudem enthält sie im Vergleich zur Mutter- und Säuglingsmilch nicht alle Nährstoffe in ausreichend hoher Menge (zum Beispiel Eisen und Jod). Auch mit Milchprodukten wie Quark, Frischkäse oder Joghurt sollten Sie bis zum Ende des ersten Lebensjahres warten. Die Milch im Brei ist völlig ausreichend, um die Kalziumversorgung des Kindes sicherzustellen. Wählen Sie für den Milch-Getreide-Brei frische, pasteurisierte Vollmilch oder H-Milch mit einem Fettgehalt von 3,5 Prozent. Der Fettgehalt ist wichtig, weil Ihr Baby im ersten Lebensjahr besonders viel Fett benötigt, um gesund groß zu werden. »Normale« Vollmilch und H-Milch brauchen Sie nicht mehr abzukochen. Etwas anderes ist es, wenn Sie Rohmilch oder Vorzugsmilch (meist direkt vom Bauernhof) verwenden wollen. Beide sollten Sie vorher unbedingt abkochen, um eventuell enthaltene Keime abzutöten. Eine gute Alternative zu Kuhmilch ist übrigens Ziegenmilch.

Milchfertigbrei

Im Handel werden verschiedene Milchfertigbreie angeboten. Sie enthalten Getreideflocken und Milchpulver (meist Folgemilch) und müssen nur noch mit heißem Wasser angerührt werden. Das kann zwischendurch oder im Urlaub ganz praktisch sein. Wie bei allen Fertiggerichten gilt aber auch hier: Nur wenn Sie das Essen für Ihr Baby selbst zubereiten, wissen Sie genau, was drin ist. Außerdem schmeckt der Brei einfach besser und viel natürlicher.

FRISCHEKICK DURCH FRÜCHTE

Zwei Esslöffel Obstpüree runden den Brei am Abend geschmacklich ab. Wenn es ganz schnell gehen muss, zerdrücken Sie einfach ein bisschen Banane oder reiben Sie etwas Apfel. Für mehr Abwechslung sorgt ein Mus aus Früchten (ein paar Rezeptideen finden Sie auf Seite 78 f.). Frische und regionale Produkte sind zur Saison nährstoffreich und preiswert. Aber auch Obst aus der Tiefkühltruhe ist für Babykost geeignet. Ein wenig Butter dazu, und schon können sich die im Obst enthaltenen fettlöslichen Vitamine binden. Das enthaltene Vitamin C fördert zudem die normale Funktion des Immunsystems und verbessert zusätzlich die Aufnahme von Eisen aus Gemüse und Getreide.

Gut geeignet sind:

> Ab dem 5. Monat: Apfel, Banane, Birne und Melone

> 7. bis 8. Monat: Aprikose, Pfirsich, Nektarine, Weintrauben, Erdbeeren

> Ab dem 10. Monat: Beeren, Kirschen, Pflaumen

Zitrusfrüchte sind für Fruchtpürees ungeeignet. Sie sind auch noch zu säurehaltig für Babys empfindlichen Magen.

TIPP

Coole Früchtchen

Neben dem Vitaminkick erfüllt das Obstpüree zuweilen noch einen ganz praktischen Zweck: Gerade am Abend kann es Babys mit dem Essen oft nicht schnell genug gehen. Ist der Brei zu heiß, kommt gekühltes Obstmus gerade recht. Das selbst gemachte Früchtepüree können Sie übrigens auch als erstes Dessert nach dem Mittagsbrei anbieten. Dann aber ganz pur, ohne Getreideflocken und Milch.

Phase 3: Getreide-Obst-Brei – ab dem 8. Monat

In der dritten Phase lernt Ihr Baby für gewöhnlich einen weiteren Brei kennen: den Getreide-Obst-Brei, der die Milchmahlzeit am Nachmittag ersetzt. Wann Sie damit starten, bleibt Ihnen und Ihrem Gefühl überlassen. Wenn es mit dem Brei-Füttern gut klappt und Ihr Baby keine Probleme mit der Verdauung hat, können Sie schon eine Woche nach der Einführung des Milch-Getreide-Breis am Abend mit dem Nachmittagsbrei starten. Achten Sie auch hier auf Ihr Gefühl und die Reaktion Ihres Babys. Ist es noch nicht an all das Neue gewöhnt, reicht es auch, wenn Sie nach vier Wochen den Nachmittagsbrei einführen. Der Nachmittagsbrei enthält nur wenige Zutaten und ist deshalb ruckzuck zu-/vorbereitet. Anstatt mit Milch rühren Sie die Getreideflocken mit warmem Wasser an. Um das Ganze vitaminreich zu verfeinern, kommt dann – das kennen Sie ja schon – noch ein wenig Obstmus dazu. Ein Teelöffel Raps-, Sonnenblumen- oder Maiskeimöl liefert die nötige Energie und fördert zudem die Vitaminaufnahme. Tolle Rezepte für den Getreide-Obst-Brei finden Sie auf den Seiten 80 und 81.

BREI MIT RICHTIG WAS DRIN

Auch bei den anderen Mahlzeiten tut sich was. Fast vier Monate haben Sie nun feine Breie mit wertvollen Zutaten püriert und Ihr Baby damit gefüttert. Besonders reizvoll sahen die meisten wahrscheinlich nicht aus, doch das ändert sich jetzt. Sie brauchen das Mittagessen nun nämlich nur noch grob zerdrücken oder sehr klein schneiden. Dadurch lässt sich für Ihr Kind endlich erkennen, welche Zutaten auf dem Teller landen. Außerdem haben Sie bestimmt auch schon seit einiger Zeit bemerkt, dass der bisher heiß geliebte, fein pürierte Brei nicht mehr unter den Top Ten rangiert und Ihr Kind lieber etwas Festeres essen würde. Vielleicht will es auch schon den Löffel selbst halten?

»Josefine hatte fürchterliche Angst vor dem Pürierstab und mochte deshalb den Brei nicht essen. Das änderte sich, als ich den Brei nur noch mit dem Kartoffelstampfer zerdrückte.«

Alexa (27), Mama von Josefine (3) und Julius (1)

Selber löffeln macht Spaß!

Die größeren Stücke auf dem Teller erlauben es Ihrem Kind, selbstständig essen zu lernen. Und deshalb werden Sie den Löffel so schnell nicht mehr zu fassen kriegen, wenn ihn das Kleine erst einmal in der Hand hält. Babys können ganz schöne Kräfte entwickeln und IHREN Löffel erbittert verteidigen. Könnte Ihr Kind schon sprechen, würde es genau das sagen: »Mit dem Löffel essen macht mir Spaß!« Trotzdem versuchen es manche Kinder zuerst mit den Fingerchen. Das ist natürlich auch in Ordnung. Doch wenn Sie es ermuntern, das Essen mit dem eigenen Löffel zu probieren, werden sich schnell Erfolge einstellen. Am Anfang können Sie ja mit einem zweiten Löffel mitfüttern, schließlich geht noch viel daneben. Wenn es jeden Tag üben darf, wird das Essen für Ihr Kind zu einem immer aktiveren und zu einem selbstbestimmten Akt. Sie lassen Ihr Kind aufs Neue einen Schritt mehr in Richtung Selbstständigkeit los. Ganz einfach weil Sie nicht mehr bei jeder Mahlzeit das Füttern übernehmen. Und was, wenn das Baby den Brei nicht anrührt, aber ständig auf Ihr Abendbrot schielt? Dann geben Sie ihm einfach ein Stückchen ab, damit es daran lutschen kann. Am besten eignet sich dazu normales Mischbrot. Wenn erste Zähnchen kommen, lieben

INFO
Kauen fördert die Sprachfähigkeit

Wie aufregend: Das Baby hat sein erstes verständliches Wort gesprochen! Für die stolzen Eltern ist dies ein großer Moment und ein wichtiger Meilenstein in der Entwicklung des Kindes. Doch dass ein Kind überhaupt sprechen kann, hängt von vielen Faktoren ab. Bereits seit Monaten hat es dafür hart trainiert und seinen gesamten Mundapparat vorbereitet. Schließlich muss der Mensch beim Sprechen unter anderem bestimmte Mund- und Zungenbewegungen ausführen. Und was eignet sich als Trainingsmittel besser als die Nahrungsaufnahme? Beim Kauen, Schlucken, Lecken und Saugen trainieren Babys die koordinierte Bewegung des Kauapparats und der Zunge sowie die Muskulatur – und machen sich dabei fit für das Sprechenlernen. Besonders förderlich ist in dieser Hinsicht die unterschiedliche Konsistenz der Nahrung.

es die Kleinen, an der Rinde zu knabbern (je härter, desto besser). Sobald der erste Aufstrich aufs Brot kommt, schneiden Sie die Rinde besser ab und das Brot in kleine Stücke, damit das Baby sie direkt in den Mund stecken kann.

FINGERFOOD

Haben Sie auch so manche schlaflose Nacht hinter sich, weil die ersten Zähnchen Ihres Babys durchgekommen sind? So schwer es fällt, mitanzusehen, wie die Kleinen mit dem Zahnen kämpfen, einen Grund zur Freude gibt es doch. Denn jetzt kann das Kind endlich kauen, beißen und richtig essen lernen. Wenn Ihr Kind schon ein paar Zähnchen hat, können Sie allmählich auch das erste »Fingerfood« einführen: Kochen Sie zum Beispiel Gemüse gar und geben Sie es dem Baby in größeren Stücken zum Probieren. Auch manche Nudeln lassen sich gut mit der Hand essen. Von Obst oder zuckerarmem Vollkorngebäck können die meisten Kinder schon gut Stücke abknabbern und im Mund zerdrücken – eine ganz neue Erfahrung. Wenn Sie denken, Fingerfood könnte jetzt schon das Richtige für Ihr Baby sein, probieren Sie die Rezepte ab Seite 52 aus. Die schmecken nicht nur Ihrem kleinen Schatz, sondern auch dem Rest der Familie.

INFO

Erste Hilfe beim Verschlucken

Am Anfang kann es leicht einmal passieren, dass sich Kinder beim Essen verschlucken und keine Luft mehr bekommen. Viele Eltern machen dann den Fehler und fangen an, wild auf dem Rücken des Kindes herumzuklopfen. Was gut gemeint ist, macht das Ganze meist nur noch schlimmer. Denn das verschluckte Stück kann dadurch noch tiefer in die Lunge rutschen. Sehr viel wirkungsvoller ist es, das Kind sofort kopfüber zu halten. Am besten gelingt dies, wenn Sie zu zweit sind: Einer nimmt dann das Kind an beiden Füßen, der andere klopft sanft auf den kleinen Rücken, bis sich der falsch gerutschte Bissen löst und herauskommt beziehungsweise herausgehustet werden kann. Sind Sie allein, legen Sie das Kind über den Arm oder das Bein halbschräg nach unten und klopfen einige Male auf seinen Rücken.

GUT GEPFLEGTE ZÄHNE – VON ANFANG AN

Ach wie süß sind doch die kleinen ersten Zähnchen! So klein sie aus dem Mündchen hervorblitzen, so groß sollte von Anfang an die Pflege sein. Denn die Milchzähne sind anfällig für Karies. Umso mehr, da sich zwischen den eng stehenden Zähnen schnell Speisereste sammeln. Putzen Sie Ihrem Kind deshalb von Anfang an mindestens zweimal pro Tag die Zähne. Zunächst reicht dazu ein kleiner Zahnputzfingerling aus der Apotheke, später darf es auch eine weiche Bürste sein. Je früher Sie Ihr Kleines an das Ritual Zähneputzen gewöhnen, desto weniger Protest wird es später geben, weil das Zähneputzen zum ganz normalen Alltag einfach dazugehört.

Wenn Ihr Kind regelmäßig Fluoridtabletten bekommt, brauchen Sie im ersten Lebensjahr keine fluoridhaltige Zahncreme. Später gibt es spezielle Kinderzahnpasta mit geringem Fluoridgehalt (250–500 ppm). Sie ist nicht scharf und versorgt die Zähne trotzdem ausreichend mit Fluor, das die Zahnstruktur stärkt.

Auch Trinken kann den Zähnen schaden

Säfte und andere zuckerhaltige Getränke erhöhen das Kariesrisko, vor allem wenn sie wie bei der Flasche oder Trinklerntasse die kleinsten Stummelzähnchen regelrecht umspülen. Doch auch wenn das Baby unentwegt Wasser oder Tee aus Flasche oder Trinklerntasse trinkt, können diese an sich gesunden Getränke den Zähnen schaden (siehe Seite 18). Ihr Baby sollte daher bald lernen, aus einer Tasse oder einem Becher zu trinken. Damit nicht allzu viel daneben geht, bieten sich im ersten Schritt Schnabeltassen an.

Zähneputzen sollte von Anfang an dazugehören. Dann hat Karies keine Chance.

41

Phase 4: Essen am Familientisch – 10. bis 12. Monat

In den vergangenen Monaten haben Sie die Mahlzeiten für Ihr Kleines immer mehr dem Familienessen angepasst. Die Breie sind stückiger geworden und Sie konnten auch schon das eine oder andere Mal mit feinem und aufregendem Fingerfood beim Mittagessen punkten.

Ab jetzt kommen auch zum Frühstück kindgerechte Ideen auf den Tisch. Für den Anfang eignen sich als Sattmacher Haferbrei (Porridge) oder Vollkornbrei mit Obst. Bald schon kann auch ein selbst gemachtes Müsli ins Schüsselchen (siehe Seite 82). Probieren Sie weitere Frühstücksvarianten aus: Brot mit Käse, (Streich-)Wurst oder einem pikanten Aufstrich aus dem Reformhaus steht bei vielen Kleinen hoch im Kurs. Ein paar Gurkenscheiben oder ein gekochtes Ei ergänzen ein gesundes Brot perfekt und schmecken fast allen Kindern. Mit Frischkäse und Marmelade bringen Sie ebenso Abwechslung auf den Tisch wie mit selbst gebackenem Brot oder Brötchen. Butter dagegen gehört nur sparsam aufs Brot. Zu dick aufgestrichen, wird sie oft abgeschleckt und das Brot bleibt dann »nackig« auf dem Teller liegen.

Ach ja, ein kleines Mysterium soll an dieser Stelle nicht unerwähnt bleiben: Sie werden bestimmt auch die Erfahrung machen, dass Kinder für ihr Leben gern Brot essen (je trockener und härter, desto besser). Sobald aber eine Scheibe Wurst oder Käse auf das Brot kommt (oder daneben liegt), lassen sie dieses meist links liegen und stürzen sich nur auf den Belag. Warum das so ist, möchte ich schon lange wissen, werde es aber wohl nie erfahren. Manchmal hilft es, das Brot zusammenzuklappen.

»Anselm hat seinen Brei geliebt. Valentin dagegen mag ausschließlich Brot und noch lieber Gebäck. Am Anfang war ich deshalb verzweifelt, doch jetzt versuche ich darauf zu vertrauen, dass er sich schon holt, was er braucht. Für die Vitamine mische ich frisch gepressten Saft in sein Wasser.«

Yvonne (30), Mama von Anselm (4) und Valentin (1)

ESSEN WIE DIE GROSSEN

Grundsätzlich können Sie Ihrem Kind nun alles anbieten, was auch bei Ihnen auf den Teller kommt – es muss nur gut weich gekocht und in kleine Portionen und Stücke zerteilt sein. Ihr Kind zeigt Ihnen schnell, dass es fertig ist oder etwas nicht mag. Es spuckt das Essen einfach wieder aus oder lässt es auf den Boden fallen. Den Putzlappen brauchen Sie also auch in dieser Phase noch häufig.

Wenn Sie die Gerichte, die Sie für Ihre Familie zubereiten, auch dem Baby anbieten möchten, sollten Sie bei der Zubereitung auf Salz und andere starke, vor allem scharfe Gewürze verzichten. Sie können später bei Tisch für sich nachwürzen oder aber Sie nehmen erst eine Portion für Ihr Kleines aus dem Topf und schmecken dann den Rest nach Lust und Laune ab.

Geben Sie schwer verdauliche und stark blähende Lebensmittel (Hülsenfrüchte wie Linsen und Bohnen, alle Sorten Kohl, Zwiebeln und Lauch) zunächst nur in kleinen Portionen als Beilage. Orange, Kiwi und Tomaten sind stark säurehaltig. Zu schnell wird dadurch der Po wund. Daher auch damit lieber noch warten.

... oder auch nicht

Natürlich gibt es auch Kinder, die noch mit zehn, elf Monaten lieber Milch trinken als Brei essen oder die weiterhin lieber pürierten Brei löffeln, als hartes Brot zu knabbern. Das ist in Ordnung. Lassen Sie Ihrem Spatz die Zeit, die er braucht, um sich auf Neues einzulassen. Sie merken es sicher ganz von selbst, wenn es Zeit ist, Ihr Baby von Ihrem Essen probieren zu lassen. Sein Verdauungstrakt ist jetzt an die meisten Nahrungsmittel gewöhnt und somit ist der Start frei fürs Essen am Familientisch.

»Was Mama und Papa schmeckt, mag ich auch.« Endlich können die Kleinen mitessen.

REICHT DAS AUCH WIRKLICH?

Geben Sie Ihrem Kind immer nur so viel auf den Teller, wie in sein Händchen passen würde. Mehr wird es erst einmal nicht schaffen und ein zu voller Teller überfordert es von der ersten Sekunde an. Wenn es tatsächlich noch Hunger hat, können Sie ja noch einmal eine kleine Portion nachreichen. Natürlich fragt man sich manchmal, ob das bisschen Rumgeknabbere tatsächlich als volle Mahlzeit ausreicht. Aber keine Sorge, Kinder holen sich, was sie brauchen. Viele Eltern geben ihrem Schatz vor dem Einschlafen auch noch ein Milchfläschchen oder die Brust – ich denke, die meisten Kinder sparen sich dafür einfach ein Plätzchen im Bauch auf. Das ist in Ordnung.

Du bist du und ich bin ich

Kinder sind unglaublich verschieden. Die einen sind lebhafter und strotzen nur so vor Energie, andere sind ruhiger und zarter. Trotzdem sind beide Typen gesund und munter. Solange Ihr Kind zufrieden und aktiv ist, geht es ihm auch gut. Sie werden beobachten, dass es Phasen gibt, in denen es besonders schlecht oder besonders viel und gut isst. Bei Letzteren handelt es sich sicher um eine der vielen Wachstumsphasen. Ruhigere Zeiten für den Körper bringen auch nur halb so viel Hunger mit sich.

INFO

Finger weg von bunten Verführungen

Sie stehen überall. An der Supermarktkasse sowieso, aber auch im Frischeregal und in der Wurstwarenabteilung sind sie zu finden: speziell für Kinder entwickelte Lebensmittel, die durch ihr Aussehen und allerlei Versprechungen zum Kauf verführen sollen. Na klar lockt Wurst in Bärchenform schon die Allerkleinsten an. Gewöhnen Sie Ihr Kind aber lieber gar nicht erst an »Kinderlebensmittel«. Denn in ihnen stecken fast immer zu viel Fett, zu viel Zucker und zu viele Farb- und Aromastoffe, dafür aber zu wenig von den laut angepriesenen gesunden Nährstoffen, Vitaminen und Mineralstoffen. Bleiben Sie von Anfang an bei naturbelassenen Nahrungsmitteln, denn diese sind in der Regel weniger süß und weniger fettreich. Und schmecken trotzdem (oder gerade deswegen).

INFO

Ist selbst kochen teurer?

Selbstgekochtes ist nicht teurer als Gläschenkost. Sehen Sie selbst!

Zutat	Menge/Anteil in Gläschen (bio)*	Circapreis Gläschen (bio)*	Circapreis Selbstgekochtes*
Möhren	57 g (30 %)	1,49 €/kg	0,09 €
Tomate	26,6 g (14 %)	3,49 €/kg	0,09 €
Kartoffeln	19 g (10 %)	2,79 €/kg	0,05 €
Reis, gekocht	38 g (20 %)	3,30 €/kg	0,23 €
Sahne	19 g (10 %)	4,00 €/l	0,08 €
Magermilch	13,3 g (7 %)	1,29 €/l	0,02 €
Zwiebeln	9,5 g (5 %)	1,29 €/kg	0,01 €
Butter	5,7 g (3 %)	6,40 €/kg	0,04 €
Rapsöl	1,7 g (0,9 %)	4,90 €/l	0,01 €
Strompreis			0,33 €
Preis/Portion*	0,95 €		0,95 €

* pro 190 g

Fazit: Selbstgekochtes ist nicht teurer. Wenn Sie größere Mengen zubereiten und portionsweise einfrieren, ist es sogar günstiger. Bei der zehnfachen Menge zahlen Sie nur noch ¹⁄₁₀ des Strompreises (Portion: 0,65 €*).

45

Endlich selbstständig essen

Eine neue Form der Beikosteinführung begeistert immer mehr Eltern: Das Baby wird nicht mit Brei gefüttert, sondern isst selbst mit den Händen.

Die neue Art, essen zu lernen

Das sogenannte »Baby-led weaning« oder auch nur kurz und knapp »BLW« ist so etwas wie eine kleine Revolution in der Babyernährung: Hierzulande würde man BLW etwa mit »vom Baby gesteuerte Beikosteinführung« übersetzen, was bedeutet, dass es das Baby selbst in der Hand hat (auch im wortwörtlichen Sinn), was und wie viel es isst. Es wird nicht von Mama oder Papa mit Brei und Löffelchen gefüttert, sondern isst feste Nahrung von Anfang an selbstbestimmt.

Die motorischen Fähigkeiten, die das Kind dazu benötigt, sind im »klassischen« Breialter bereits vorhanden: Ein gesundes Baby ist in der Lage, ein Stück Breze oder einen Gemüsestick in der Hand zu halten. Mit der Zeit dürfen die Stückchen dann auch kleiner werden. Um den 8. Lebensmonat herum lernen Babys, kleine Dinge mit Daumen und Zeigefinger zu greifen (Pinzettengriff). Dann können zum Beispiel auch Himbeeren auf den Tisch, die Ihr Kind mit viel Geduld aufnehmen wird. Löffel und Gabel kommen beim Erlernen des selbstständigen Essens also erst einmal nicht zum Einsatz.

VORTEILE DES »BABY-LED WEANING«

So ungewohnt der Verzicht auf Brei und Löffelchen zunächst vielleicht auch klingen mag: Für Sie als Eltern kann BLW durchaus für Entspannung sorgen. Sie müssen nicht extra für Ihr Baby kochen, sondern können es von Anfang an an die Nahrungsmittel gewöhnen, die bei Ihnen auf den Tisch kommen. Nur schön weich muss es sein, damit sich Ihr Kind nicht an harten Stückchen verschluckt. Weil Sie nicht genau mitkriegen, wie viel Ihr Kind tatsächlich isst, machen Sie sich auch nicht verrückt, ob es genug bekommt. Bei BLW geht es schließlich erst einmal um das Entdecken mit allen Sinnen. Satt wird Ihr Schatz auf jeden Fall, weil Sie gerade in der Anfangszeit nach jeder Mahlzeit weiter stillen oder das Fläschchen geben.

Durch die Selbstständigkeit beim Essen fördern Sie die Hand- und Mundmotorik Ihres Babys. Gleichzeitig entwickelt Ihr Kind auch in anderen Bereichen eine gesunde Selbstständigkeit. Forschungsergebnisse zeigen, dass es Kindern, die mit der BLW-Methode essen lernen, auch leichter fällt, einmal etwas länger am Tisch zu sitzen. Zudem sind sie eher bereit, neue Lebensmittel und Geschmacksrichtungen zu probieren und zu akzeptieren. Studien belegen auch, dass Babys, die von Anfang an selbstständig essen lernen, später viel häufiger zu komplexen Kohlenhydraten (wie Gemüse und Vollkornprodukte) greifen als zu einfachen (zum Beispiel Zucker und zuckerhaltige Lebensmittel).

INFO

Informieren Sie den Kinderarzt

Wenn Sie sich für das Selbstständig-essen-Lernen entscheiden, sollten Sie dies auch beim Kinderarzt ansprechen. Der ideale Zeitpunkt dafür ist die U5, denn bei dieser Vorsorgeuntersuchung wird der Arzt Sie vermutlich ohnehin im Hinblick auf die Beikosteinführung beraten. Lassen Sie sich aber nicht einschüchtern: Viele Ärzte halten noch an den klassischen Methoden der Breikost fest. Vertrauen Sie auf Ihr Gefühl.

Das wirklich Schönste am Selbstständig-essen-Lernen aber ist der Entdeckungstrieb Ihres Babys. Sie werden Ihre wahre Freude daran haben zuzusehen, mit welcher Lust Ihr Kind das Essen erforscht.

Wichtig: Bleiben Sie stets dabei, wenn Ihr Baby knabbert, damit Sie ihm bei eventuellem Verschlucken sofort helfen können.

Von Vorbildern und Nachahmern

Mama, Papa und ältere Geschwister sind für ein Baby große Vorbilder, die es nur allzu gerne nachahmen will – auch beim Essen. So greifen die Kleinen, sobald sie auf dem Schoß oder im Hochstuhl mit am Tisch sitzen, schnell nach dem Teller der anderen. Sie wollen erforschen, was dort Leckeres liegt. Zweit- und Drittgeborene wachsen oft auf ganz selbstverständliche Weise mit der BLW-Methode auf. Dazu kommt, dass viele Eltern beim zweiten Kind viel lockerer mit dem Thema Essen umgehen und den Kleinen schnell einmal ein Probierstückchen in die Hand drücken. Verwehren Sie dies auch Ihrem Erstgeborenen nicht. Sie werden sehen, wie schnell sich Ihr Kind in Zukunft an Neues und Ungewohntes gewöhnen wird. Wenn Sie sich nicht trauen, Ihr Kind ausschließlich selbstständig essen zu lassen, können Sie einen Mittelweg wählen. Eine Mischung aus Fingerfood am Mittag und

Milchbrei am Abend ist für viele Mütter und Babys die Lösung. Je älter Ihr Baby wird, desto mehr Interesse wird es ohnehin am selbstständigen Essen zeigen.

VIELFALT MACHT APPETIT AUF MEHR

Schon die Kleinsten haben den Wunsch, selbstbestimmt zu essen und Nahrungsmittel mit allen Sinnen zu entdecken. Sie lernen dabei die unterschiedlichsten Formen, Farben und Geschmacksrichtungen kennen und lieben. Auf diesem Weg wird schon frühzeitig die Akzeptanz für die meisten Gemüsesorten positiv beeinflusst. Wenn ein Baby seinen ersten Brei auf dem

Löffelchen bekommt, lernt es zunächst zu schlucken. Beim Selbstständig-essen-Lernen ist das anders: Hier entwickelt das Kind erst einmal die Fähigkeit zu kauen. Erst wenn es größere Stücke mit den Zähnen zerkleinern kann, schluckt es diese auch. Zu Beginn lutscht Ihr Kind natürlich nur am Essen und knabbert je nach vorhandenen Zähnchen ein wenig daran, um Geschmack und Konsistenz der Nahrung zu erforschen. Erst nach und nach lernt es, kleine Stückchen abzubeißen und schließlich zu kauen und zu schlucken. Die angebotenen Lebensmittel müssen deshalb die richtige Konsistenz und Struktur haben. Auf harte Lebensmittel wie rohe Möhren oder Kohlrabi, an denen sich Ihr Baby verschlucken kann, müssen Sie erst einmal verzichten. Sie sind erst geeignet, wenn das Kind kauen kann. Wenn Sie offen für etwas ganz Neues sind, sollten Sie es also ruhig mit folgender Methode versuchen: Bieten Sie Ihrem Baby ab dem Ende des 6. Monats weich gekochtes Gemüse wie Brokkoliröschen, halbierte Möhren oder Kartoffeln in handlichen Schnitzen an. Auch gut: weich gekochte Nudeln. Wie beim Brei-Füttern brauchen Sie dabei keine Angst vor Lebensmitteln zu

Pasta satt! Schon eine einzige Nudel wird für Ihr Baby zum kulinarischen Abenteuer.

49

INFO

Für den Anfang

› Weich gekochtes Gemüse (Kartoffeln, Möhren, Pastinake, Kohlrabi, Zucchini, Brokkoli- und Blumenkohlröschen)

› Weich gekochte Birnen und Äpfel sowie reife Banane

› Weich gekochte Nudeln oder etwas Couscous

› Fleisch und Fisch, weich gegart (ohne feste Fasern oder Gräten)

Die Rezepte ab Seite 52 werden nicht nur Ihrem Baby, sondern auch Ihnen Appetit machen. Sie werden sehen, dass Ihr Baby bald ein richtiges Portiönchen verdrückt und die Mengen immer weiter steigert. Dadurch wird sich die Menge an Milch, die es zusätzlich noch trinkt, verringern – und Ihr Baby kann so selbst das allmähliche Abstillen mitbestimmen.

MIT GEDULD UND PUTZLAPPEN

Wenn Babys selbstständig essen dürfen, ist das natürlich mit einer ganz schönen »Sauerei« verbunden. Um ehrlich zu sein: Sie müssen sich sogar noch auf ein bisschen mehr gefasst machen als beim Brei-Füttern. Zunächst einmal wird Ihr Kleines nämlich die Konsistenz des Fingerfoods ausgiebig mit seinen Händchen erkunden und dabei nicht selten alles komplett zermatschen. Irgendwann wird es das Essen dann in den Mund stecken und dort weiter erforschen. Die ersten Stückchen spuckt es höchstwahrscheinlich wieder aus: Sie landen dann nicht nur auf, sondern auch unter dem Tisch. Eine gute abwaschbare Unterlage auf dem Boden (Plastiktischdecke oder Duschvorhang) ist hier also ein Muss. Größere Probierstückchen können Sie dann auch ganz einfach aufheben und dem Baby wiedergeben.

haben, die bisher als potenzielle Allergieauslöser galten (siehe Seite 24 f). Bieten Sie von Anfang an eine Vielfalt an, experimentieren Sie ruhig ein bisschen und schauen Sie, was Ihr Baby mag. Nur zu klein dürfen die Stücke nicht sein. Schließlich wird Ihr Schatz alles mit seinem Händchen packen und so muss das Stück groß genug sein, damit noch etwas zum Lutschen, Knabbern oder Kauen aus dem Fäustchen herausragt.

BLW – darauf kommt es an

Damit alles gut läuft, sollten Sie folgende Dinge beherzigen:

> Setzen Sie Ihr Kind möglichst aufrecht (auf dem Schoß mit Blick zum Tisch oder in einen Hochstuhl), dann verschluckt es sich nicht so leicht. Lassen Sie es aus diesem Grund beim Essen auch niemals allein.

> Stecken Sie Ihrem Baby nichts in den Mund, um es so zum Essen zu animieren. Beim Selbstständig-essen-Lernen bestimmt nur Ihr Kind, wann was im Mund landet.

> Babys haben leider keine große Ausdauer, wenn es ums Essen geht. Sie werden schnell merken, wann die Nahrungsmittel nur noch als Spielzeug dienen. Räumen Sie den Teller ab, sobald das Essen nur noch durch die Gegend fliegt.

> Stellen Sie bei jeder Mahlzeit auch einen Becher oder eine Schnabeltasse mit Wasser an Babys Platz. Wenn es Durst hat, kann es versuchen zu trinken. Wenn nicht, ist es auch gut.

> Stillen Sie Ihr Kind nach dem Essen zunächst wie gewohnt weiter.

> Wenn Sie, Ihr Partner oder ein Geschwisterkind eine Allergie hat, sollten Sie vor der Einführung von fester Kost unbedingt mit dem Arzt sprechen. Wenn Sie Bedenken haben, führen Sie auch beim BLW nach und nach ein neues Lebensmittel ein. So erkennen Sie sofort, ob Ihr Baby auf ein bestimmtes Lebensmittel allergisch reagiert.

Gemüsesticks

Für circa 6 Stück:

100 g Gemüse
nach Belieben
(Möhrchen, Pas-
tinake, Kartoffel)

> **Für die erste Probierportion**

1 Das Gemüse waschen, putzen und in fingerdicke Streifen schneiden.

2 In einem kleinen Topf etwas Wasser zum Kochen bringen und die Gemüsesticks darin circa 12–15 Minuten gar kochen. Zum ersten Lutschen je eine Sorte anbieten.

Hähnchen-Knuspersticks

Für circa 5 Stück:

100 g Hähnchen-
brustfilet
1 Ei
100 g Cornflakes
3 EL Rapsöl

> **Gesundes Eiweiß**

1 Hähnchenbrust in Streifen schneiden. Ei in einem tiefen Teller mit der Gabel verrühren. Cornflakes in einen Gefrierbeutel füllen und mit dem Nudelholz zerbröseln. Brösel auf einen Teller geben.

2 Die Fleischstückchen erst im Ei, dann in den Cornflakesbröseln wenden. Auf ein mit Backpapier ausgelegtes Backblech legen und mit Rapsöl beträufeln. Im heißen Ofen (175 Grad, Mitte, Umluft) circa 20 Minuten knusprig backen.

3 Für Mama und Papa kommen noch ein paar kleine halbierte Kartoffeln aufs Blech – fertig ist ein leckeres Mittagessen. Und wenn das Baby mag, kann es auch eine Kartoffel probieren …

mhhh

TIPP

Ruckzuck-Vorspeise

Wenn Sie die Gemüsesticks
mit Olivenöl und ein paar
Spritzern frisch gepresstem
Zitronensaft beträufeln und
noch ein bisschen Meersalz
darüberstreuen, zaubern Sie
im Handumdrehen Antipasti
für den Rest der Familie.

Schmeckt
auch mit
Brokkoli

Gemüse-Nuggets

Für circa
16 Stück:

½ Blumenkohl
100 g Semmel-
brösel
150 g Gouda
(frisch gerieben)
1 TL Olivenöl
1 TL Backpulver
Salz

› Vitalstoffe pur

1 Blumenkohl in Röschen teilen und in kochendem Wasser circa 6–8 Minuten weich garen. Abgießen und sehr fein hacken.

2 Blumenkohl mit Semmelbröseln, geriebenem Gouda, Olivenöl und Backpulver mischen. Eventuell etwas Wasser zugeben und mit den Händen kleine Küchlein formen.

3 Die Küchlein auf ein mit Backpapier ausgelegtes Blech legen und im heißen Ofen (175 Grad, Mitte, Umluft) circa 25 Minuten backen.

Hähnchen-Apfel-Sticks

Für circa
20 Stück:

300 g Hähnchen-
brust, je ½ Apfel
und rote Zwiebel,
2 TL Semmel-
brösel, frisch ge-
hackte Kräuter,
200 ml Rapsöl
etwas Mehl

› Eisenreich

1 Das Fleisch im Mixer sehr klein hacken. Apfel und Zwiebel schälen (beim Apfel Kerngehäuse entfernen), zum Fleisch geben und ebenfalls zerkleinern.

2 Masse mit Semmelbröseln und Kräutern mischen. Zu circa 2 cm dicken und 5 cm langen Sticks formen.

3 Rapsöl erhitzen. Sticks in Mehl wenden und im heißen Öl circa 3–5 Minuten ausbacken. Auf Küchenpapier abtropfen lassen.

Fischküchlein

Für circa
10 Stück:

3 Kartoffeln
200 g Fischfilet
(grätenfrei)
100 ml Milch
Salz, 1 Ei
150 g Semmel-
brösel
etwas Mehl

> Omega-3-Fettsäuren für fitte Babys

1 Kartoffeln schälen, würfeln und in Salzwasser weich kochen. Fisch in der Milch rund 12 Minuten weich garen. Kartoffeln abgießen und zerdrücken. Fisch hacken und untermischen. Ganz leicht salzen.

2 Ei in einem tiefen Teller verrühren. Ein bisschen davon zur Kartoffelmasse geben. Mit bemehlten Händen kleine Bratlinge formen. Diese erst in Ei, dann in Semmelbröseln wenden. Auf einem mit Backpapier ausgelegten Blech im Ofen (175 Grad, Mitte, Umluft) 12–15 Minuten goldbraun backen.

Löffelbiskuits

Für circa
20 Stück:

4 Eier
1 Prise Salz
30 g Zucker
150 g Dinkelmehl

> Zuckerarm naschen

1 Die Eier trennen. Eiweiß mit einer Prise Salz steif schlagen, dann langsam den Zucker einrieseln lassen; weiterschlagen. Das Mehl mit dem Eigelb verrühren und den Eischnee vorsichtig unterheben.

2 Teig in einen Spritzbeutel mit großer Lochtülle füllen. Ein Backblech mit Backpapier auslegen und 5 cm lange Streifen aufspritzen.

3 Die Biskuits im heißen Ofen (175 Grad, Mitte, Umluft) bei 175 Grad 10–12 Minuten goldgelb backen.

Brokkolimuffins

Ab 12 Monate

Für 12 Stück:

200 g Brokkoli
350 g Joghurt,
50 g Rapsöl
1 Ei , 225 g Mehl
50 ml Milch
Außerdem:
1 Muffinform
12 Papierback-
förmchen

› Mineralstoffbombe

1 Brokkoli waschen, putzen und in Stücke schneiden. In kochendem Wasser 5–8 Minuten weich garen. Abgießen und fein pürieren.

2 Aus Joghurt, Rapsöl, Ei, Mehl und Milch einen Teig rühren. Den pürierten Brokkoli unterheben.

3 Eine Muffinform mit den Papierförmchen auslegen und den Teig einfüllen. Die Muffins im heißen Ofen (200 Grad, Mitte, Umluft) circa 20–25 Minuten goldgelb backen.

Linsenpuffer

**Für circa
20 Stück:**

225 g rote oder
gelbe Linsen
1 kleine Zwiebel
30 g Butter, 1 Ei
120 g Reibekäse
(z. B. Gouda)
50 g Semmel-
bröseln

› Volle Eiweiß-Power

1 350 ml Wasser zum Kochen bringen und die Linsen circa 20 Minuten kochen, bis sie die ganze Flüssigkeit aufgesogen haben.

2 Zwiebel schälen und sehr fein würfeln. Butter zerlassen und die Zwiebelwürfelchen darin glasig dünsten. Linsen abgießen.

3 Linsen in einer Schüssel mit Zwiebeln, Ei, geriebenem Käse und Semmelbröseln vermischen. Circa 20 kleine Puffer formen. Im heißen Ofen (175 Grad, Mitte, Umluft) circa 30 Minuten backen.

TIPP

Muffins einfrieren

Wenn Sie nicht gleich alle Brokkolimuffins aufessen, verpacken Sie sie einfach einzeln in Gefrierbeutel und frieren sie ein. Tiefgekühlt halten sie etwa zwei Monate. Bei Bedarf auftauen und noch einmal kurz aufbacken.

 # Apfel-Möhren-Aufstrich

Schmeckt auf dem Brot

Für 1 Brot:

½ Apfel
½ Möhre
1 EL Joghurt
1 Tropfen
Zitronensaft

> Vitamin A für gute Augen

1 Den Apfel schälen, vierteln und das Kerngehäuse entfernen. Den Apfel fein reiben. Die Möhre putzen und ebenfalls fein reiben.

2 Apfel und Möhre vermischen und mit dem Joghurt und dem Zitronensaft verrühren.

 # Käse-Ei-Aufstrich

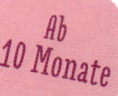
Ab 10 Monate

Für 1 Brot:

½ hart ge-
kochtes Ei
30 g Reibekäse
(z. B. Gouda)
1 EL Frischkäse
1 TL frische
Kresse

> Toller Kalzium- und Eiweißlieferant

1 Das Ei grob hacken. Mit geriebenem Käse und Frischkäse mischen. Nach Belieben mit etwas Kresse abschmecken.

2 So kommt Abwechslung aufs Brot: Ersetzen Sie den Reibekäse durch klitzekleine Würfel vom gekochten Schinken.

Aprikosenaufstrich

Für 1 Brot:

2 getrocknete Aprikosen
1 EL Erdmandel-flocken (aus dem Reformhaus oder Bioladen)
1 EL Frischkäse

› Wertvolles pflanzliches Eiweiß

1 Die getrockneten Aprikosen fein zerhacken.

2 Mit den Mandelflocken und dem Frischkäse gut mischen.

Gesund naschen

Bananenmus

Für 1 Brot:

½ reife Banane
1 EL Joghurt
3 frische Him-beeren oder Kokosflocken (im Winter)

› Reich an Kalium und Magnesium

1 Die Banane mit einer Gabel zerdrücken und mit dem Joghurt mischen.

2 Je nach Jahreszeit und Belieben mit zerdrückten Himbeeren oder Kokosflocken mischen.

Die besten Rezepte
für Brei und Co.

Selbst gemachte Breie sehen zwar nicht immer aus wie aus dem Sternerestaurant, aber sie schmecken köstlich – und liefern alles, was Ihr Baby zum Wachsen braucht.

Leckeres ganz einfach selbst kochen

Wenn Sie Ihr Baby mit Brei füttern wollen, kochen Sie zunächst Gemüse, später auch Obst ohne Schale schön weich (bei jungen Möhrchen und auch Äpfeln lassen Sie die Schale ruhig dran, denn da stecken die meisten Vitamine drunter). Das Kochwasser sollten Sie nach dem Garen auf keinen Fall einfach wegschütten. Dazu enthält es viel zu viele gesunde Vitalstoffe. Es eignet sich wunderbar, um den Brei für den Anfang schön flüssig zu machen. Pürieren Sie hierzu das weich gekochte Gemüse mit dem Pürierstab und geben Sie nach und nach etwas von dem Kochwasser zu, bis der Brei die gewünschte Konsistenz hat. Wenn das erste Stückchen Fleisch oder Fisch dazukommt, garen Sie dieses in kleinen Stückchen schonend bei niedriger Temperatur für circa 8 Minuten (Fisch) bis 15 Minuten (Fleisch) mit. Danach ist alles butterzart und einfach zu pürieren.

KOCHEN AUF VORRAT

Die meisten Breigerichte schmecken auch aufgetaut wie frisch zubereitet und lassen sich daher gut im Voraus kochen und einfrieren. Bevor er im Eisfach landet, muss der fertige Brei völlig abkühlen. Dann füllen Sie ihn portionsweise in kleine Gefrierbeutel oder Marmeladegläschen. Bei Bedarf holen Sie am Vorabend eine Portion aus dem Eisfach und lassen sie über Nacht im Kühlschrank vollständig auftauen. Erwärmen Sie den aufgetauten Brei ganz langsam in etwas Wasser (schnelle Alternative: die Mikrowelle), füllen Sie ihn in ein kaltes Schälchen und rühren Sie ihn gut durch.

INFO

Breie für Phase 2 und 3

Die Breie ab Seite 64 werden im Rezept meist fein püriert. Das heißt aber nicht, dass sie nicht auch größeren Babys schmecken. Ab dem 8. Monat zerdrücken Sie die Zutaten einfach nur noch grob mit dem Kartoffelstampfer oder schneiden alles mit einem scharfen Messer sehr klein.

Brei kochen – ganz leicht

Echt easy

Schälchen:
Davon kann man nicht genug haben. Praktisch: Schüsselchen aus Kunststoff oder Melamin, die nicht so schnell zu Bruch gehen, wenn das Baby bald selbstständig isst.

Pürierstab:
Unverzichtbares Werkzeug, um weich gegartes Gemüse, Obst oder Fleisch zu Brei zu verarbeiten. Alternative für größere Küchen: ein Standmixer.

Eiswürfelbehälter:
Ideal, um winzige Portionen Babybrei einzufrieren.

Küchenrolle:
Küchenkrepp sollten Sie beim Essen immer bereithalten. Denn so sauber wie beim Stillen oder Fläschchengeben geht es nicht mehr zu.

Löffel:
Am besten eignen sich schmale Löffelchen aus Kunststoff oder Melamin. Sie passen gut in Babys Mündchen.

Kartoffelstampfer:
Ersetzt ab Phase 2 immer mehr den Pürierstab. Denn mit der Zeit mögen fast alle Babys ihren Brei gern stückiger.

Quirl:
Beim Backen unverzichtbar – es sei denn, Sie wollen beim Rühren per Hand Ihre Armmuskulatur trainieren.

Töpfe und Pfannen:
Kleine Portionen, kleine Töpfe! Modelle aus Emaille sind nicht nur schnitt- und kratzfest. Sie lassen sich auch gut reinigen und hemmen sogar Bakterien.

Lätzchen:
Weil Brei-Essen vor allem am Anfang eine ganz schöne Kleckerei ist, sollten Sie genug Lätzchen im Haus haben. Für alles, was daneben geht, gibt es ja dann noch die Küchenrolle …

PHASE 1: BABYS ERSTER GEMÜSEBREI

Möhrchenbrei

Für 1 Portion:

1–2 kleine
Möhren
(circa 150 g)
1 TL Rapsöl

> **Mit viel Beta-Carotin für Augen und Haut**

1 Die Möhren schälen, putzen und in kleine Würfel schneiden.

2 In einem Topf 30 ml Wasser zum Kochen bringen und die Möhrenwürfelchen darin auf kleinster Stufe circa 15 Minuten weich kochen.

3 Möhrchen mit dem Kochwasser und dem Rapsöl in ein hohes Gefäß geben und mit dem Pürierstab fein pürieren.

Natürlich
süß

Möhren-Apfel-Brei

Für 1 Portion:

1–2 kleine
Möhren
(circa 150 g)
½ Apfel
1 TL Rapsöl

> **Vitaminreich**

1 Möhren und Apfel schälen, putzen und in Würfelchen schneiden.

2 30 ml Wasser zum Kochen bringen und die Möhrenwürfelchen darin auf kleinster Stufe circa 10 Minuten garen. Apfelwürfel hinzufügen und alles weitere 5 Minuten weich kochen.

3 Möhrchen- und Apfelwürfel mit dem Kochwasser und dem Rapsöl fein pürieren.

Pastinake-Spinat-Brei

Echt stark

Für 1 Portion:

1 kleine Pastinake (circa 100 g)
50 g frischer Blattspinat
1 TL Rapsöl

> Besonders verträglich und gut für die Knochen

1 Die Pastinake schälen, putzen und in kleine Würfel schneiden. Mit 30 ml Wasser in einem kleinen Topf aufkochen und auf geringster Stufe circa 12 Minuten gar kochen.

2 Den Spinat waschen und über dem heißen Wasserdampf in einem Sieb circa 5 Minuten dämpfen.

3 Pastinakenwürfelchen, Spinat und Rapsöl mit dem Kochwasser im Mixer fein pürieren.

Gemüse kunterbunt

Für 1 Portion:

50 g frische Rote Bete
50 g Petersilienwurzel
50 g Wirsing
1 TL Rapsöl

> Vitamin-C-Power fürs Immunsystem

1 Rote Bete und Petersilienwurzel schälen, putzen und klein würfeln. Wirsing putzen, waschen und in feine Streifen schneiden.

2 Das Gemüse mit 50 ml Wasser aufkochen und auf kleinster Stufe circa 12 Minuten weich garen. Anschließend mit dem Kochwasser und dem Rapsöl in einem hohen Gefäß fein pürieren.

TIPP

Für Mama

Kochen Sie ein bisschen mehr Gemüse und nehmen Sie einen Teil vor dem Pürieren beiseite. Ein Naturschnitzel dazu gebraten, das Gemüse in etwas Olivenöl oder Butter geschwenkt – schon ist auch für Sie eine Mahlzeit fertig.

Möhren-Fenchel-Brei

Hilft bei Bauch-zwicken

Für 1 Portion:

1 kleine Möhre
(circa 100 g)
50 g Fenchel
1 TL Rapsöl

> Hilfe durch ätherische Öle

1 Die Möhre schälen. Möhre und Fenchel waschen, putzen und in kleine Würfel schneiden.

2 Gemüsewürfelchen mit 30 ml Wasser aufkochen und auf geringster Stufe circa 15 Minuten weich garen. Mit dem Kochwasser und dem Rapsöl in einem hohen Gefäß fein pürieren.

Hokkaido-Kräuter-Brei

Für 1 Portion:

150 g Hokkaido-
Kürbis
1 Blatt frischer
Salbei
1 TL Rapsöl

> Salbei wirkt antibakteriell und krampflösend

1 Den Kürbis gründlich waschen und mit der Schale in kleine Würfel schneiden.

2 30 ml Wasser mit dem Salbeiblatt zum Kochen bringen. Kürbiswürfel darin auf kleinster Stufe circa 10 Minuten weich kochen.

3 Die Kürbiswürfel mit etwas Kochwasser und Rapsöl in einem hohen Gefäß fein pürieren.

Möhren-Kartoffel-Brei

Tolle Knolle für mehr satt!

Für 1 Portion:

1 kleine Möhre
(circa 100 g)
1 Kartoffel
(circa 80 g)
1 TL Rapsöl

› **Sattmacher durch gesundes Eiweiß**

1 Die Möhre und die Kartoffel putzen, schälen und in kleine Würfel schneiden.

2 Die Gemüsewürfelchen mit 30 ml Wasser aufkochen und auf kleinster Stufe circa 15 Minuten weich garen.

3 Gemüse, Kochwasser (nach Bedarf) und Rapsöl in einem hohen Gefäß fein pürieren.

Zucchini-Kartoffel-Brei

Für 1 Portion:

1 Kartoffel
(circa 100 g)
100 g Zucchini
2 Nadeln
frischer Rosmarin
1 TL Rapsöl

› **Rosmarin stärkt das Immunsystem**

1 Die Kartoffel schälen und in kleine Würfel schneiden. Die Zucchini waschen, putzen und mit Schale ebenfalls in Würfel schneiden.

2 30 ml Wasser zum Kochen bringen und die Kartoffelwürfelchen darin auf kleinster Stufe circa 10 Minuten kochen. Zucchini und Rosmarin zugeben und beides noch 5 Minuten köcheln lassen.

3 Das weiche Gemüse mit dem Kochwasser und dem Rapsöl in einem hohen Gefäß fein pürieren.

Erbsen-Kartoffel-Brei

Für 1 Portion:

1 Kartoffel
(circa 100 g)
100 g TK-Erbsen
1 TL Rapsöl

> **Viel pflanzliches Eiweiß für starke Muskeln**

1 Die Kartoffel schälen und in kleine Würfel schneiden. In einem Töpfchen mit 50 ml Wasser aufkochen und circa 8 Minuten auf kleinster Stufe garen.

2 Die TK-Erbsen zugeben und alles in weiteren 7–8 Minuten weich kochen.

3 Kartoffeln und Erbsen mit dem Kochwasser und dem Rapsöl in ein hohes Gefäß geben und fein pürieren.

Schön herzhaft

Möhren-Brokkoli-Kartoffel-Brei

Für 1 Portion:

1 Kartoffel
(circa 100 g)
½ Möhre
(circa 50 g)
50 g Brokkoli
1 TL Rapsöl

> **Steckt voller Vitamin C und Folsäure**

1 Die Kartoffel und die Möhre schälen und in kleine Würfel schneiden. Den Brokkoli in Röschen teilen.

2 Kartoffel- und Möhrenwürfelchen mit 50 ml Wasser aufkochen und auf kleinster Stufe 12 Minuten bissfest kochen. Brokkoli dazugeben und alles circa 5 Minuten weiterkochen.

3 Das weiche Gemüse mit dem Kochwasser und dem Rapsöl in ein hohes Gefäß geben und fein pürieren.

PHASE 1: JETZT KOMMEN FLEISCH UND FISCH DAZU

Lammfleisch mit Birne und Süßkartoffel

Für 1 Portion:

1 Stück Süßkar-
toffel (circa 80 g)
½ kleine Birne
(circa 50 g)
30 g Lammfilet
1 TL Rapsöl
2 EL Orangensaft

› Gut verträglich

1 Die Süßkartoffel schälen, die Birne waschen und putzen. Beides in kleine Würfel schneiden. Das Fleisch ebenfalls fein würfeln.

2 50 ml Wasser zum Kochen bringen und die Süßkartoffeln 10 Minuten darin garen. Lamm zugeben und in weiteren 10 Minuten weich kochen. Die Birne in den letzten 2 Minuten mitgaren.

3 Gemüse-, Fleisch- und Birnenwürfelchen mit einer Schaumkelle aus dem Topf nehmen. Mit Rapsöl und Orangensaft fein pürieren.

Rindfleisch mit Süßkartoffel und Kohlrabi

Für 1 Portion:

1 Stück Süßkar-
toffel (circa 80 g)
¼ Kohlrabi
(circa 50 g)
30 g Rindfleisch
(Tafelspitz)
1 TL Rapsöl
2 EL Orangensaft

› Wertvolles Eisen für die Kleinsten

1 Süßkartoffel und Kohlrabi schälen und in Würfel schneiden. Mit 30 ml Wasser aufkochen und auf geringster Stufe circa 10 Minuten köcheln lassen.

2 In der Zwischenzeit das Rindfleisch fein würfeln. Fleisch zum Gemüse geben und alles weitere 10 Minuten schön weich kochen.

3 Gemüse und Fleisch aus dem Wasser fischen. Mit Rapsöl und Orangensaft fein pürieren (eventuell etwas Kochwasser zugeben).

Yummy!

71

Mild und fein

Hähnchenbrust mit Kohlrabi und Reis

Für 1 Portion:

30 g Langkornreis
½ Kohlrabi
(circa 100 g)
25 g Hähnchen-
brustfilet
1 TL Rapsöl

› Leicht verdaulich

1 Reis mit der doppelten Menge Wasser aufkochen und auf geringster Stufe circa 20 Minuten quellen lassen.

2 Kohlrabi schälen und in kleine Würfel schneiden. Hähnchenfleisch ebenfalls klein würfeln. Mit Kohlrabi und 40 ml Wasser zum Kochen bringen und circa 15 Minuten weich garen.

3 Gekochten Reis mit Kohlrabi, Fleisch und Rapsöl fein pürieren.

Pute mit Reis und Fenchel

Für 1 Portion:

½ kleine
Fenchelknolle
(circa 100 g)
30 g Langkorn-
reis
25 g Putenfleisch
1 TL Rapsöl

› Beruhigt den Magen

1 Fenchel waschen, putzen (dabei den Strunk entfernen) und in kleine Würfel schneiden. Reis mit der doppelten Menge Wasser aufkochen und auf geringster Stufe circa 20 Minuten quellen lassen.

2 Putenfleisch klein schneiden und mit den Fenchelwürfeln und 40 ml Wasser auf kleiner Flamme circa 15 Minuten weich kochen.

3 Fenchel und Pute herausheben, mit dem Rapsöl zum Reis geben und alles fein pürieren.

Hähnchenbrust mit Avocado und Tomate

Für 1 Portion:

30 g Hähnchen-
brustfilet
1 kleine Tomate
½ kleine reife
Avocado

> Steckt voller Fitmacher

1 Hähnchenbrust in kleine Stücke schneiden. In 50 ml Wasser auf mittlerer Stufe circa 15 Minuten garen.

2 Tomate waschen, den Stielansatz entfernen und an dieser Stelle kreuzweise einschneiden. In kochendem Wasser 3 Minuten blanchieren. Herausnehmen, abschrecken und häuten.

3 Avocado entsteinen. Das Fruchtfleisch auslösen und mit der gehäuteten Tomate zum gegarten Fleisch geben. Alles fein pürieren.

Rindfleisch mit Graupen und Tomate

Für 1 Portion:

50 g Perlgraupen
30 g Rinder-
hackfleisch
1 kleine Möhre
(circa 100 g)
1 TL Rapsöl
100 ml passierte
Tomaten

> Bolognese mal ganz anders

1 Die Graupen in der doppelten Menge Wasser aufkochen und auf kleinster Hitze circa 20 Minuten garen. In der Zwischenzeit die Möhre putzen, schälen und fein raspeln.

2 Rapsöl erhitzen und das Hackfleisch darin scharf anbraten. Möhren zugeben und 5 Minuten braten. Passierte Tomaten zufügen und alles weitere 5 Minuten einkochen lassen

3 Graupen abgießen und zum Fleisch geben. Alles fein pürieren.

Kräuter geben Aroma

Wenn Ihr Baby es gern etwas herzhafter mag, geben Sie einfach ein, zwei Zweiglein frische Kräuter mit dem Lachs in das Dampfsieb (zum Beispiel Petersilie). Sie entfalten über dem heißen Wasserdampf ihr feines Aroma und runden so das Gericht ab.

Lachs mit Kartoffeln und Zucchini

Für 1 Portion:

30 g Lachsfilet
(ohne Gräten)
1 Kartoffel
(circa 80 g)
1 Stück Zucchini
(circa 50 g)
1 TL Rapsöl

› Steckt voller Omega-3-Fettsäuren

1 Lachs abbrausen und trocken tupfen. Über heißem Wasserdampf in einem Sieb im geschlossenen Topf circa 20 Minuten dämpfen.

2 Die Kartoffel waschen, schälen und in kleine Würfel schneiden. Die Zucchini putzen und ebenfalls in kleine Würfel schneiden.

3 Kartoffelwürfel mit 50 ml Wasser aufkochen und circa 12 Minuten leise köcheln. Zucchini zugeben und weitere 5 Minuten weich garen. Lachs mit Gemüse und Rapsöl fein pürieren.

Spinatrisotto mit Fisch

Für 1 Portion:

50 g Risottoreis
2 TL Rapsöl
100 g TK-Blatt-
spinat
30 g Lachsforelle

› Reich an Vitaminen und Mineralstoffen

1 Risottoreis in 1 TL Rapsöl anbraten und mit etwa 150 ml Wasser aufgießen. Unter Rühren circa 15 Minuten auf niedrigster Stufe quellen lassen. Spinat zugeben und weitere 5 Minuten garen.

2 In der Zwischenzeit die Lachsforelle vorsichtig mit kaltem Wasser abbrausen und mit Küchenpapier trocken tupfen. Im restlichen Öl auf höchster Stufe von beiden Seiten circa 5 Minuten anbraten.

3 Den Fisch zum Risotto geben und alles fein pürieren.

PHASE 2: SCHNELLE BREIE FÜR DEN ABEND

Gute-Nacht-Brei

Für 1 Portion:

200 ml Vollmilch
oder Folgemilch
20 g Grieß
4 EL Fruchtmus
oder ungesüßter
Fruchtsaft

› Kalzium satt

1 Die Milch in einem kleinen Topf erhitzen. Den Topf vom Herd nehmen, den Grieß einrieseln lassen und mit dem Schneebesen gründlich verrühren.

2 Den Brei circa 5 Minuten quellen lassen und dann mit Fruchtmus oder Fruchtsaft verrühren.

Dinkelbrei mit Banane

Für 1 Portion:

200 ml Vollmilch
oder Folgemilch
20 g Dinkel-
flocken
½ reife Banane

› Steckt voller Mineral- und Ballaststoffe

1 Die Milch in einem kleinen Topf aufkochen. Dinkelflocken einrühren, den Topf vom Herd nehmen und die Flocken in der Milch circa 5 Minuten quellen lassen.

2 Die Banane mit einer Gabel fein zerdrücken und unter den Dinkelbrei mischen.

Vollkornbrei mit Apfelmus

Für 1 Portion:

200 ml Vollmilch
oder Folgemilch
20 g Vollkorn-
flocken (Hirse,
Dinkel)
2 EL Apfelmus
(siehe Seite 79)
1 Prise Zimt

› Ganz mild

1 Die Milch in einem kleinen Topf aufkochen. Den Topf vom Herd nehmen und die Flocken mit dem Schneebesen einrühren. 5 Minuten quellen lassen.

2 Das Apfelmus über den Brei geben oder direkt mit dem Brei mischen. Nach Belieben mit einer Prise Zimt verfeinern.

Exotisch

Kokosmilchreis mit Erdbeermark

Für 1 Portion:

80 g Milchreis
100 ml Vollmilch
100 ml Kokos-
milch
100 g frische
Erdbeeren
(im Winter
TK-Beeren)

› Glutenfrei

1 Den Reis unter Rühren erhitzen, bis er glasig wird. Vollmilch und Kokosmilch angießen und den Reis darin einmal aufkochen. Anschließend 20 Minuten auf kleinster Hitze quellen lassen.

2 In der Zwischenzeit die frischen Erdbeeren waschen und abtropfen lassen. Den Stielansatz entfernen und die Erdbeeren fein pürieren (TK-Beeren auftauen und ebenfalls pürieren).

3 Den Milchreis in ein Schüsselchen geben und mit der Erdbeersauce beträufelt servieren.

PHASE 2: ERSTES FRUCHTMUS FÜR DEN NACHMITTAG

Apfel-Bananen-Püree

Für 1 Portion:

½ süßer Apfel
(z. B. Golden
Delicious)
½ reife Banane

› Kalium für die Nerven

1 Den Apfel gründlich waschen, eventuell schälen und das Kerngehäuse entfernen. Fruchtfleisch in Würfel schneiden und mit 50 ml Wasser in einem kleinen Topf circa 10 Minuten weich dünsten.

2 Die Banane schälen und zu den Apfelwürfelchen in den Topf geben. Mit dem Pürierstab fein pürieren.

Apfel-Blaubeer-Püree

Für 1 Portion:

½ süßer Apfel
1 kleine Handvoll
Blaubeeren
(frisch oder TK,
circa 50 g)

› Entzündungshemmer

1 Den Apfel gründlich waschen, eventuell schälen und das Kerngehäuse entfernen. Das Fruchtfleisch in Würfel schneiden und mit 50 ml Wasser circa 10 Minuten weich dünsten.

2 Die Blaubeeren in einem Sieb mit kaltem Wasser abbrausen, kurz abtropfen lassen und zu den Apfelwürfeln geben. Mit dem Pürierstab fein pürieren.

TIPP

Schnelles Apfelmus

Für eine Portion einen süßen
Apfel schälen, vierteln und
das Kerngehäuse entfernen.
Fruchtfleisch würfeln, mit
5 EL Wasser circa 10 Minuten
weich dünsten und dann fein
pürieren. Schmeckt auch mit
Birne oder Nektarine.

PHASE 3: OBSTBREI FÜR DEN NACHMITTAG

Getreidebrei – das Grundrezept

Für 1 Portion:

20 g Getreide-
flocken
(z. B. Dinkel,
Hafer, Reis)
100 g Obstmus
1 TL Rapsöl

> **Hier steckt das volle Korn drin**

1 Getreideflocken in einem kleinen Topf mit 100 ml Wasser langsam zum Kochen bringen. Topf vom Herd nehmen und den Brei circa 5 Minuten quellen lassen. Dabei immer wieder umrühren.

2 Den Brei vor dem Servieren mit Obstmus verfeinern und das Rapsöl unterrühren.

Für
die ganze
Familie

Nektarinen-Dinkel-Brei

Für 1 Portion:

1 große
Nektarine
20 g Dinkel-
flocken
1 TL Rapsöl

> **Enthält viel Vitamin A und C**

1 Die Nektarine waschen und entsteinen. Erst in Schnitze, dann in sehr kleine Würfel schneiden.

2 100 ml Wasser in einen kleinen Topf geben, Dinkelflocken und Nektarinenwürfel zugeben und alles langsam zum Kochen bringen. Den Topf vom Herd nehmen und den Brei unter Rühren weitere 5 Minuten quellen lassen. Zum Schluss das Öl unterrühren.

Birnen-Hafer-Brei

Für 1 Portion:

1 reife Birne
20 g Hafer-
flocken
1 TL Rapsöl

> Mit Milch statt Wasser ein toller Abendbrei

1 Die Birne waschen, vierteln, schälen und das Kerngehäuse entfernen. Das Fruchtfleisch fein raspeln.

2 Birnenraspel und Haferflocken mit 100 ml Wasser aufkochen. Den Topf vom Herd nehmen und den Brei weitere 10 Minuten quellen lassen, bis er schön sämig ist. Das Rapsöl untermischen.

Erdbeer-Dinkel-Brei

Für 1 Portion:

80 g frische,
reife Erdbeeren
(oder TK-Ware)
20 g Dinkelgrieß
1 TL Rapsöl

> Reich an Vitamin C und Folsäure

1 Die Erdbeeren waschen und den Stielansatz entfernen. Die Beeren mit dem Pürierstab fein pürieren.

2 100 ml Wasser in einem kleinen Topf zum Kochen bringen. Den Grieß einrieseln lassen und unter Rühren zum Kochen bringen. Topf vom Herd ziehen und den Grieß ausquellen lassen.

3 Vor dem Servieren das Rapsöl untermischen und den Brei mit dem Erdbeerpüree mischen.

PHASE 4: REZEPTIDEEN FÜR DIE GANZE FAMILIE

Müsli-Apfel-Brei

Für 1 Portion:

70 ml Reismilch
3 EL blütenzarte
Haferflocken
½ süßer Apfel
1 Prise Zimt

› Eisen, Zink, Magnesium für fitte Babys

1 Die Reismilch in einem kleinen Topf erwärmen. Den Topf vom Herd nehmen, die Haferflocken einrühren und circa 3 Minuten quellen lassen.

2 Den Apfel schälen, vierteln und das Kerngehäuse entfernen. Das Fruchtfleisch fein reiben.

3 Den geriebenen Apfel unter den Brei rühren und die Mischung mit Zimt fein abschmecken.

Frühstücksflocken mit Banane

Für 1 Portion:

3 EL Erdmandel-
flocken
5 EL Orangensaft
½ reife Banane

› Viel Eisen fürs Blut

1 Die Erdmandelflocken mit dem Orangensaft verrühren.

2 Die Banane schälen, mit einer Gabel zerdrücken und mit den Mandelflocken mischen.

Erdmandelflocken (aus dem Bioladen oder Reformhaus) werden aus den Wurzelknollen des Erdmandelgrases gewonnen. Sie enthalten viel leicht verdauliches Eiweiß, reichlich wertvolle Mineralstoffe und einen hohen Anteil an ungesättigten Fettsäuren.

Sommerbeeren

Bananen haben das ganze
Jahr über Saison. Im Sommer
hat Ihr Baby aber vielleicht
Lust auf Abwechslung. Dann
mischen Sie ihm einfach ein
paar zerdrückte Beeren (Erdbeeren, Himbeeren oder
Heidelbeeren) unter die Früh-
stücksflocken mit Banane.

Flammkuchen

Für circa 4 kleine
Flammkuchen:

300 g Vollkorn-
mehl (plus Mehl
zum Ausrollen)
100 g Zucchini
50 g gekochter
Schinken
100 g Schmand
Salz, Pfeffer

> Vollwertig

1 Mehl mit 100 ml Wasser und Salz verkneten. Den Teig 20 Minuten ruhen lassen. Dann zu mehreren circa 5 mm dicken Fladen
ausrollen und auf ein mit Backpapier ausgelegtes Backblech legen.

2 Zucchini waschen, putzen, der Länge nach halbieren und in
feine Scheiben schneiden. Schinken würfeln. Fladen mit Schmand
bestreichen. Zucchini und Schinken darauf verteilen. Flammkuchen fürs Baby pur lassen. Für die Großen mit Salz und Pfeffer
würzen. Im Ofen (200 Grad, Mitte, Umluft) 12–15 Minuten backen.

Mini-Pfannkuchen

Schmeckt warm und kalt

Für circa 8
Pfannkuchen:

250 g Mehl
2 Eier
500 ml Milch
1 Prise Salz
3 EL Rapsöl
300 g frischer
Blattspinat
200 g Lachsfilet

> Im Spinat stecken viele Vitamine und Mineralstoffe

1 Mehl, Eier, Milch und Salz verrühren. Den Teig 20 Minuten ruhen lassen. Währenddessen Spinat waschen und circa 4 Minuten in
200 ml kochendem Wasser blanchieren. Herausheben. Lachs in
einem Sieb über dem Spinatwasser circa 10 Minuten dämpfen.

2 Im heißen Öl aus dem Teig 8 Pfannkuchen backen. Warm stellen.

3 Spinat und Lachs pürieren. Pfannkuchen damit bestreichen (für
die Eltern würzen), aufrollen und in Stücke schneiden.

TIPP

Pfannkuchen satt

Kinder lieben Pfannkuchen.
Wenn es einmal schnell
gehen muss, füllen Sie die
Küchlein zum Beispiel ein-
fach mit Apfelmus oder den
Fruchtpürees von Seite 78.

Wie 'n
Fella
Italia

Gnocchi schön knusprig

Für 2 große und
1 Miniportion:

400 g Ricotta
100 g geriebener
Parmesan
2 Eier
200 g Mehl
Salz, Pfeffer
300 g Grieß
2 EL Rapsöl

> Gnocchi mal anders

1 Ricotta, Parmesan, Eier und Mehl zu einem zähen Teig mischen. Mit Salz und Pfeffer abschmecken. Mit einem Teelöffel kleine Portionen abstechen und in Grieß wenden.

2 Rapsöl in einer beschichteten Pfanne erhitzen. Die Gnocchi von allen Seiten circa 3 Minuten goldbraun backen. Dazu schmeckt die schnelle Tomatensauce von Seite 89.

Nudeln mit Tomatensauce

Für 2 große und
1 Miniportion:

1 kleine Zwiebel
1 Möhre
1 TL Rapsöl
500 g Tomaten
(aus der Dose)
1 TL Zucker
Salz, Pfeffer
300 g Mini-Penne

> Pasta mit Vitaminkick

1 Zwiebel und Möhre schälen und in feine Würfel schneiden. Rapsöl in einer Pfanne erhitzen und die Gemüsewürfelchen darin andünsten. Tomaten zugeben und alles circa 10 Minuten köcheln lassen. Mit etwas Zucker, Salz und Pfeffer abschmecken.

2 Einen großen Topf mit Salzwasser zum Kochen bringen. Die Nudeln darin nach Packungsangabe bissfest garen. Abgießen, abtropfen lassen und mit der Tomatensauce servieren.

Schinkennudeln mit Ei

Für 2 große und
1 Miniportion:

1 EL Rapsöl
300 g Koch-
schinkenwürfel
100 ml Sahne
300 g Spirelli
2 Eier
Salz, Pfeffer
Parmesan

› Ein echter Klassiker

1 Rapsöl erhitzen und die Schinkenwürfel darin von allen Seiten anbraten. Mit Sahne aufgießen und alles etwas einkochen lassen.

2 Die Nudeln nach Packungsangabe in Salzwasser bissfest kochen. Abgießen, abtropfen lassen und zur Schinkensahne geben.

3 Eier über die Nudeln schlagen und rasch untermischen, bis das Ei überall durchgegart ist. Eine kleine Portion für das Baby abnehmen, den Rest salzen und pfeffern. Mit Parmesan servieren.

Farfalle mit Möhrchen und Lachs

Das macht satt

Für 2 große und
1 Miniportion:

300 g Farfalle
2 kleine Möhren
(circa 150 g)
150 g Räucher-
lachs
200 ml Sahne
Salz, Pfeffer

› Reich an Omega-3-Fettsäuren

1 Nudeln nach Packungsangabe in Salzwasser bissfest garen. In der Zwischenzeit die Möhren schälen, putzen, sehr fein reiben und in einer beschichten Pfanne ohne Öl circa 3 Minuten anbraten.

2 Räucherlachs klein schneiden und zu den Möhrchen geben. Nach 1 Minute Sahne hinzufügen und weitere 3–4 Minuten leise köcheln lassen. Mit Salz und wenig Pfeffer abschmecken.

3 Nudeln abgießen, abtropfen lassen und mit der Sauce servieren.

Hackfleischbällchen

Für circa 20 Fleischbällchen:

1 kleine Zwiebel
300 g gemischtes Hackfleisch
1 Brötchen vom Vortag
1 Ei
Salz, Pfeffer
3 EL Rapsöl

> Eiweißreich

1 Die Zwiebel schälen und fein hacken. In einer Schüssel mit dem Hackfleisch mischen.

2 Das Brötchen in etwas Wasser einweichen und gut ausdrücken. Mit dem Ei zum Hackfleisch geben und alles gut mit den Händen verkneten. Den Teig mit Salz und wenig Pfeffer abschmecken.

3 Rapsöl in einer beschichteten Pfanne erhitzen. Mit den Händen circa 20 kleine Bällchen aus dem Fleischteig formen und im heißen Öl auf mittlerer Stufe von allen Seiten goldbraun braten.

Sesam-Ofenkartoffeln

Für 2 große und 1 Miniportion:

500 g Kartoffeln
4 EL Olivenöl
100 g Sesamsamen
Salz, Pfeffer

> Gesunde Alternative zu Pommes

1 Die Kartoffeln schälen und in circa 1 cm dicke Scheiben schneiden. Auf ein Backblech legen und mit Olivenöl beträufeln. Sesamsamen auf den Kartoffelscheiben verteilen. Einen Teil fürs Baby pur lassen, den Rest mit Salz und Pfeffer würzen.

2 Die Kartoffeln im heißen Backofen (200 Grad, Mitte, Umluft) circa 30–40 Minuten knusprig backen.

TIPP
Schnelle Tomatensauce

1 EL Butter in einem kleinen
Topf schmelzen. 3 EL Mehl
einrühren und ½ Tube Toma-
tenmark dazugeben. Nach
und nach 150 ml Sahne und
100 ml Gemüsebrühe auf-
gießen, bis die Sauce schön
cremig wird. Mit 1 TL Zucker,
etwas Salz und Pfeffer fein
abschmecken. Passt zu Nu-
deln, Reis und den leckeren
Fleischbällchen von Seite 88.

Käseplätzchen

Für zwischendurch

Für circa 16 Stück:

200 g Mehl
1 TL Backpulver
50 g Butter
50 g Haferflocken
1 TL Zucker
125 g Gouda
(frisch gerieben)
1 Apfel, 5 TL Milch

> Vegetarisch

1 In einer Schüssel Mehl und Backpulver mischen. Die Butter in Flöckchen, Haferflocken, Zucker und geriebenen Käse zugeben. Den Apfel waschen, vierteln, entkernen und schälen. Das Fruchtfleisch zu den anderen Zutaten reiben und alles gut vermischen. So viel Milch zugeben, bis eine zähe Masse entsteht.

2 Ein Backblech mit Backpapier auslegen und die Masse daraufstreichen. Im heißen Ofen (200 Grad, Mitte, Umluft) bei circa 200 Grad 15 Minuten backen. Etwas abkühlen lassen und in circa 16 Quadrate schneiden.

French Toast

Für 4 Toasts:

4 Scheiben
Toastbrot
2 Eier
4 EL Milch
4 EL Rapsöl
Nach Belieben:
Zimt, Zucker
oder Ahornsirup

> Sattmacher

1 Toastbrot in Streifen schneiden. Die Eier mit der Milch verrühren und die Toastbrotstreifen in der Ei-Milch-Mischung wenden.

2 Das Rapsöl in einer Pfanne erhitzen. Die Toaststreifen darin von beiden Seiten circa 2–3 Minuten goldbraun ausbacken.

3 Die heißen French Toasts mit etwas Zimtzucker bestäuben oder mit Ahornsirup beträufeln. Ein süßer Genuss!

Müsliriegel – selbst gemacht

Für 20 Riegel:

1 reife Banane
½ Vanilleschote
40 g Trockenobst
75 g Haferflocken
65 g Rohrzucker
1 TL Backpulver
½ TL Zimt
30 ml Milch
1 Eiweiß

› Fitnesssnack für mehr Energie

1 Die Banane mit einer Gabel zerdrücken. Mark aus der Vanille-schote kratzen. Trockenobst gegebenenfalls etwas zerkleinern. Alles mit den restlichen Zutaten vermischen.

2 Ein Backblech mit Backpapier auslegen und die Müslimasse daraufstreichen. Im heißen Ofen (175 Grad, Mitte, Umluft) circa 25–30 Minuten backen.

3 Aus dem Ofen nehmen. Die warme Masse in Riegel schneiden.

Knusprige Aprikosenschnitten

**Für circa
25 Schnittchen:**

300 g frische,
reife Aprikosen
1 TL geschmol-
zene Butter
150 g Hafer-
flocken

› Eisenreich

1 Aprikosen waschen, ensteinen und klein schneiden. Die Früchte mit 20 ml Wasser circa 3 Minuten aufkochen. Geschmolzene Butter und Haferflocken zugeben und alles 5 Minuten quellen lassen.

2 Ein Backblech mit Backpapier belegen, Masse aufstreichen und im Ofen (175 Grad, Mitte, Umluft) 10 Minuten goldbraun backen.

3 Das Blech aus dem Ofen nehmen und die Masse 1 Minute ab-kühlen lassen. Noch warm in circa 3 cm dicke Streifen schneiden.

91

Adressen, die weiterhelfen

Die KinderKüche GmbH
Sedanstr. 16
81667 München
www.diekinderkueche.de
Kinderkochschule der Autorin

aid infodienst
Ernährung, Landwirtschaft,
Verbraucherschutz e. V.
Heilsbachstr. 16
53123 Bonn
www.aid.de

**Bundesministerium für Ernährung,
Landwirtschaft und Verbraucherschutz**
Wilhelmstr. 54
10117 Berlin
www.bmelv.de

Deutsche Gesellschaft für Ernährung e. V.
Godesberger Allee 18
53175 Bonn
www.dge.de

Forschungsinstitut für Kinderernährung
Heinstück 11
44225 Dortmund
www.fke-do.de

**Österreichische Gesellschaft für
Ernährung (ÖGE)**
Spargelfeldstr. 191
1220 Wien
www.oege.at

**Schweizerische Gesellschaft für
Ernährung (SGE)**
Schwarztorstr. 87
3001 Bern
www.sge-ssn.ch

INTERNETADRESSEN

www.babybreie.de
Wissenswertes zur Babyernährung und
einfache Grundrezepte

www.breirezept.de
Rezepte und Infos rund um die Beikosteinführung

www.babyledweaning.com
Alles zur neuen Essen-lernen-Methode
(in englischer Sprache)

www.baby-led-weaning.de
Ausführliche Infos, Tipps und Erfahrungs-
berichte speziell zum Thema

Bücher, die weiterhelfen

Arndt, Monika: *Das Baby-Kochbuch.* Dtv

Bormann, Bettina: *Baby-Led Weaning / Babyernährung.* Books on Demand

AUS DEM GRÄFE UND UNZER VERLAG

von Cramm, Dagmar: *Das große GU Kochbuch für Babys und Kleinkinder*

von Cramm, Dagmar: *Kochen für Babys*

von Cramm, Dagmar: *Kochen für Kleinkinder*

Gebauer-Sesterhenn, Birgit/Praun, Manfred: *Das große GU Babybuch*

Guóth-Gumberger, Márta/Hormann, Elizabeth: *Stillen*

Kittler, Martina: *Das große Familien-Kochbuch*

Laimighofer, Astrid: *Babyernährung. Gesund und lecker durchs erste Jahr*

Weigert, Vivian/Paky, Franz: *Babys erstes Jahr. Entwicklung, Ernährung, Pflege, Schlaf*

DIE SYMBOLE BEI DEN REZEPTEN

Was bedeutet was?

 Hier steckt viel Gemüse drin (auch Kartoffeln und Hülsenfrüchte).

 Dieses Rezept enthält Obst (auch Trockenfrüchte und Obstmus).

 Mit frischen Kräutern gewürzt.

 Die Ähre steht stellvertretend für alle Getreide und Getreideprodukte (auch für Reis, Nudeln und Brot).

Rezept mit Milch oder Joghurt.

 Es sind Eier enthalten.

 Hier wird mit Käse gekocht (Hartkäse, Schnittkäse oder Frischkäse).

 Mit Fleisch.

 Mit Fisch.

Sachregister

Rezeptregister

Projektleitung: Monika Rolle
Lektorat: Sylvie Hinderberger
Umschlaggestaltung und Layout: independent Medien-Design, Horst Moser, München
Herstellung: Renate Hutt
Satz: Christopher Hammond
Repro: medienprinzen GmbH, München
Druck und Bindung: Dimograf

ISBN 978-3-8338-3318-2

4. Auflage 2016

www.facebook.com/gu.verlag

GRÄFE
UND
UNZER

Ein Unternehmen der
GANSKE VERLAGSGRUPPE

BILDNACHWEIS

Rezeptfotos, Umschlag hinten, S. 16–17 und 62–63: Coco Lang, München
S. 3, 43, 49: Sabine Dürichen
Weitere Fotos: Claudia Milutinov: S. 4. Corbis: S. 23, 26, 34, 46, 60. Getty Images: Umschlag vorne, S. 6, 20. Shutterstock: S. 10, 15, 29, Klebestreifen. Zoonar: S. 41.
Illustrationen: Nadine Schurr, Stuttgart
Syndication: http://www.seasons.agency/de-de

WICHTIGER HINWEIS

Die Informationen und Ratschläge in diesem Buch stellen die Meinung bzw. Erfahrung der Verfasserin dar. Sie wurden von ihr nach bestem Wissen erstellt und mit größtmöglicher Sorgfalt geprüft. Sie bieten jedoch keinen Ersatz für persönlichen kompetenten medizinischen Rat. Jede Leserin, jeder Leser ist für das eigene Tun und Lassen auch weiterhin selbst verantwortlich. Weder Autorin noch Verlag können für eventuelle Nachteile oder Schäden, die aus den im Buch gegebenen praktischen Hinweisen resultieren, eine Haftung übernehmen.

QUALITÄTS
G|U
GARANTIE

Liebe Leserin, lieber Leser,

haben wir Ihre Erwartungen erfüllt? Sind Sie mit diesem Buch zufrieden? Haben Sie weitere Fragen zu diesem Thema? Wir freuen uns auf Ihre Rückmeldung, auf Lob, Kritik und Anregungen, damit wir für Sie immer besser werden können.

GRÄFE UND UNZER Verlag
Leserservice
Postfach 86 03 13
81630 München
E-Mail:
leserservice@graefe-und-unzer.de

Telefon: 00800 / 72 37 33 33*
Telefax: 00800 / 50 12 05 44*
Mo–Do: 9.00 – 17.00 Uhr
Fr: 9.00 – 16.00 Uhr
(gebührenfrei in D, A, CH)*

Ihr GRÄFE UND UNZER Verlag
Der erste Ratgeberverlag – seit 1722.